U0901673

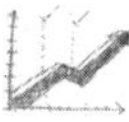

银行服务零投诉

陈苏 于栗 蔡玉 黄纳新 李厚豪◎著

北京联合出版公司
Beijing United Publishing Co.,Ltd.

图书在版编目（CIP）数据

银行服务零投诉 / 陈苏等著 .—北京：北京联合出版公司，2015.11（2023.1重印）

ISBN 978-7-5502-6507-3

Ⅰ.①银… Ⅱ.①陈… Ⅲ.①银行－商业服务 Ⅳ.① F830.4

中国版本图书馆CIP数据核字（2015）第 252362 号

银行服务零投诉

作　　者：陈苏　于栗　蔡玉　黄纳新　李厚豪
出 品 人：赵红仕
选题策划：北京时代光华图书有限公司
责任编辑：管　文
特约编辑：齐凯丽
封面设计：零创意文化

北京联合出版公司出版
（北京市西城区德外大街 83 号楼 9 层　100088）
北京晨旭印刷厂印刷　新华书店经销
字数 140 千字　787 毫米 × 1092 毫米　1 / 16　13.75 印张
2015 年 11 月第 1 版　2023 年 1 月第 5 次印刷
ISBN 978-7-5502-6507-3
定价：49.80 元

版权所有，侵权必究

未经许可，不得以任何方式复制或抄袭本书之部分或全部内容

本书若有质量问题，请与本公司图书销售中心联系调换。电话：010－82894445

目 录

准确解释业务规程，减少沟通的摩擦

熟悉产品介绍，避免不必要的误解

03 面对客户不合理的要求，多元化应对处理

从解决问题的角度出发，不直接拒绝客户

在不违反规定的情况下，尽可能为客户多做一点

投诉一旦升级，运用法律知识来应对

优化硬件服务，关注服务细节

网点硬件故障造成延误，及时安抚客户情绪

维护公共环境，保障大多数客户的利益

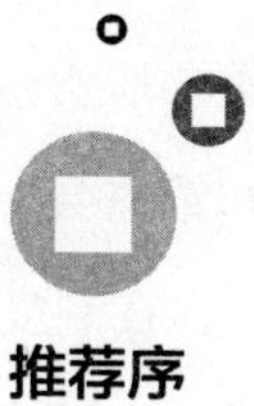

推荐序

以营销的视角看客户投诉

银行业本质上属于服务业，在金融产品高度同质化及快速迭代更新的今天，服务是银行业得以体现差异化、个性化的少数领域。服务能力的高低，影响甚至决定了商业银行的核心竞争力。

近年来，国内商业银行普遍重视服务体系与能力建设，采取多种手段提升服务水平，比如引入客户关系管理（CRM），实施客户满意服务工程等。在这个过程中，客户投诉作为一个重要和棘手的问题，更是越来越被关注。

诚然，客户投诉管理事关重大，不仅直接影响银行与客户的关系，也可能关乎法律法规和银行未来发展：

首先，客户投诉管理是一个法律问题。在国际上，不少金融监管当局把客户投诉的治理放在金融消费者保护的核心地位。如美国，2008年金融危机后，专门成立了金融消费者保护署，把受理和处理客户投诉作为其重要职责，并基于投诉采取一系列的执法行动。我国的人民银行和银监会，也都设立了相应的机构，发布金融消费者权益保护办法，在制度上做出了设计和安排。

其次，客户投诉管理是一个理念问题。“以客户为中心”，是每个银行都在反复强调和努力遵循的服务理念。作为一种管理理念和服务策略，“以客户为中心”有助于银行在激烈的市场竞争中改进银行与客户之间的关系，提高客户满意度和忠诚度。妥善管理客户投诉，正是这种理念的集中体现。在人人都讲“客户体验”的当下，客户投诉处理也是提升客户体验的直接途径之一。

再次，客户投诉管理是一个品牌问题。随着金融市场的发展，金融消费者对银行的选择，逐步从注重价格转变为倾向于选择可信赖的银行品牌，产品竞争将升级为品牌的竞争。因此，要想在激烈的同业竞争中获得比较优势，管理好客户投诉，进而塑造良好品牌形象和社会形象就显得至关重要。面对社会各界对银行社会责任的高预期，客户投诉管理甚至关乎整个银行业的公众形象。

目前，我国银行业约有22万个物理网点，遍布全国各个城乡。对广大一线从业人员而言，法律、理念和品牌问题似乎有点遥远。在国内外经济下行探底的“新常态”下，他们既背负着沉重的考核与业绩包袱，又面临着业务处理压力。而客户投诉，是他们日常工作中比较头疼的难题。在面对投诉时，他们往往觉得自己是弱势群体。

但是，客户投诉不仅仅是管理的问题，更可能成为营销的入口。如果我们换一个角度看，投诉管理也是一种服务，甚至“投诉服务”是形成忠诚顾客群体的重要手段。让顾客的不满意有一个发泄或表达的通道，并能得到圆满解决，就构成了“投诉服务”。日本有一家企业认为，“愿意把不满意告诉我们的客户，是我们真正的朋友”。

所以，将“投诉服务”做到极致，投诉处理过程就可能成为客户营销过程。如香港恒生银行，明确要求高层管理人员，定期审阅有关客户意见及投诉，从中汲取经验教训，冀以改进产品和服务。这就是一种“投诉服务”，也是不错的营销手段。一项针对美国汽车行业的调查也表明，如果1个客户对服务感到满意，那么他会告诉身边25个朋友，其中有8个可能是潜在客户，并且有1个最终会成为真实的购买者，这被称为“1：25：8：1法则”。相反，不好的客户体验也会对潜在客户带来负面影响。

因此，我们要从习惯性的“管理客户投诉”，转向常态化的“经营客户投诉”。

知易行难啊！面对各种类型的客户，面临无奇不有的投诉，如何才能做到自如地“经营客户投诉”呢？我的朋友李厚豪先生，联合多位资深银行业讲师，以“众筹”方式著书立说，形成了这本书。他们多年来致力于银行业咨询与培训，在经营客户投诉方面积累了丰富经验。我本人既在商业银行分支行担任过负责人，也在总行部门从事过管理和研究工作。以我10多年的从业经历看，此书在解剖大量真实鲜活案例的基础上，提出了多种行之有效的措施和方法，具有很强的针对性和操作性，是解决投诉难题的实用工具，是经营客户投诉的葵花宝典。

董希淼

恒丰银行研究院执行院长

中国人民大学重阳金融研究院客座研究员

2015年中国银行业“年度意见领袖”

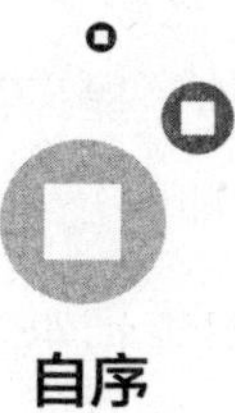

自序

年初受邀在中国金融培训联盟年会上做演讲时我提到了一个想法——众筹写书！后在联盟诸多好友的鼓励下，我联合业内银行服务专家陈苏女士、蔡玉女士、于栗女士、黄纳新女士一起进行写作，这也是本书的来由。

当前银行业与其说是经营金融产品不如说是经营客户，金融市场正处于白热化，谁能够赢得客户，谁就能够赢得未来！所以提高客户满意度，进而提高客户忠诚度成为银行经营的必然选择，其中客户投诉的处理又成为银行服务的重中之重！但很多银行一线员工，甚至有些负责服务的领导还把客户投诉当成麻烦与负担，这种思想显然已经有些落伍了！对于银行客户的投诉我们应该有以下新的认识：

1. 客户投诉是财富，而非包袱。

投诉代表客户还没有放弃你，对比投诉，你愿意客户直接把存款转走呢，还是投诉你，把不满讲出来，给你一次挽回的机会？如果我们能够处理好客户投诉，从中发现我们在服务上的不足，亡羊补牢，还会避免损失更多的客户，这难道不是一笔财富吗?!

2. 客户投诉是深化合作，提高客户忠诚度的重要机会。

婚姻学当中有这样一种言论：情侣每次争吵后感情都会加深！其实我们与客户的关系也是如此，客户把不满讲出来，我们认真地去对待，并且妥善地帮客户解决问题，那么客户就会转怒为喜，不仅不再抱怨，而且会对你更好，更忠诚！

3. 从心出发。

我为多家银行做服务顾问时发现了一个共同的问题——很多客户的愤怒都源于银行员工的服务态度差！当客户投诉时，银行员工总是只顾解决问题，而忽略了客户感受。试想，如果客户拒绝了提供服务的人，那么他还会接受服务吗?!

本书详细记录与阐述了银行一线真实发生的一些客户投诉及处理方法，凝聚了我们五位笔者在银行一线辅导与培训中的一手经验，希望本书的出版能够为提高中国银行业的服务品质做出一定的贡献！

李厚豪

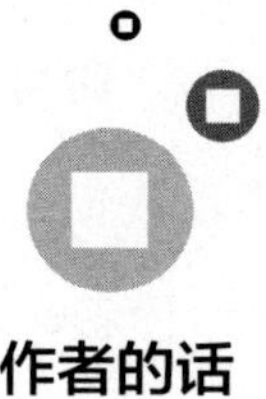

作者的话

我们写这本书是希望通过将典型案例进行归纳整理和深度剖析，方便大家借鉴、举一反三，做到别人“亡羊”，自己“补牢”，不再犯类似的错误。在该书的编写过程中，我们致力于突出以下几个特点：

一要力争做到内容丰富，代表性强。本书累计搜集和分析了约30多个投诉事件，范围覆盖了服务态度、服务效率、服务承诺、服务秩序、业务差错、合规销售、财务纠纷等投诉内容，也涵盖了一般抱怨、现场投诉、事后投诉、重复投诉、集体投诉及特殊客户处理等类型。这些都是来源于网点的真实事件，经过了实践检验，具有较强的借鉴价值。

二要力争做到分析透彻，实用性强。绝大多数投诉事件的平息过程，由客户投诉原因、出错原因、处理建议和解决话术示范四个部分组成。情景分析中，不但深度剖析投诉发生原因和投诉触点，也提出了相似投诉情景的预防方法和处理方法。话术示范展示的都是经过实践检验的有效方式。

三要力争做到语言简练，可读性强。投诉事件多数以服务场景对话的方式展示，便于读者了解投诉的发生过程，对照发现自身服务改进点。话术示范中，我们力争用简练的语言，总结出最实用的方法，并清晰地展示给读者，以供实践参考。

从整体上看，这本书列举的投诉事件多数是疑难投诉，都是从一般投诉演变和升级而来的。希望读者通过阅读本书分析的投诉产生和升级的原因，能够做好投诉预防工作，从服务语言和服务行为等根源上发现并杜绝任何可能发生的投诉隐患。

主动引导，做好业务办理前的准备工作

柜内外联动，提高服务效率

情景 1
客户未携带身份证要求办理业务

某日，一位客户没有携带身份证，却希望在柜面取8万元，柜员告知“不能办理”“这是规定”后，客户情绪非常激动，向总行客户服务中心提出投诉。

大堂经理：您好！请问您办理什么业务？

客　　户：我取8万元现金。

大堂经理：请问您预约了吗？

客　　户：昨天打了电话，已经预约过了。

大堂经理：好的，那我先帮您取个号，您这边请。

客户拿了排号条，便入座排队等候。

柜　　员：您好，请问您办理什么业务？

客　　户：取8万元，我昨天上午打电话预约了，我叫××。

柜　　员：好的，请稍等，我帮您查查。朱女士，已经查到了，我这就为您办理。请出示您的身份证！

客　　户：身份证？我没带。

柜　　员：不好意思，我们银行规定大额取款业务必须出示身份证才可以办理。

客　　户：规定？什么鬼规定，我拿自己的卡取钱，输密码不就行了吗？你们银行是不是没钱了，故意刁难我？

柜　　员：我刁难你干吗，我们银行确实有这个规定，办理大额取款业务必须出示身份证才行。

客　　户：真是奇怪，怎么就你们银行有这破规定，我上个月在××银行取10万元，人家银行怎么就没有这规定。

柜　　员：每家银行要求不一样，我们银行确实有这个规定。大姐，没办法，您今天没带身份证，这钱肯定是取不了的。

客　　户：（听到此话，客户情绪变得分外激动）取不了，那你们还让我取什么号？让我白等了那么久，你们银行吃饱了撑着，没事一起逗我玩呢？得得得，我懒得跟你们这些小孩儿白费口舌。

客户说着，同时拿起电话就拨打银行的客户服务中心955××的投诉电话。

客服人员：女士您好，请问怎么称呼您？

客　　户：我姓朱。

客服人员：朱女士，请问有什么可以帮您的吗？

客　　户：我要投诉××网点的3号柜员，我昨天打电话预约了在你们银行取8万元钱。今天来取钱，她说我没带身份证，不给取，你说她是不是故意刁难我，还说这是你们银行的规定，你们银行有这规定吗？如果有这规定怎么在营业厅里没有看到这个文件，而且一开始大堂经理也只问我有没有预约，我说约了，她就帮我叫了个号。我等了那么久，现在才跟我说不能办，之前干吗去了？再说了，如果有这规定，我昨天打电话预约时，你们员工怎么就不告诉我说还要带身份证呢？什么破银行，你们这不是没事瞎折腾我们吗？我把钱存在你们这儿还得受这份罪。

客服人员：朱女士，您请息怒，首先我代表我们银行对给您造成的不便深表歉意。您说的这个情况我们马上进行核实，麻烦您留下电话好吗？我们将尽快联系您！

客　　户：138********，那你们快点核实，我现在就在你们银行里面，我家里还等着用钱呢！

客服人员：好的，感谢您的耐心等待。

案例分析

一、客户为什么投诉

1.客户认为大堂经理不关注自己，没有尽心地为客户服务，让自己等候多时却办理不了业务，白白浪费了大量时间。

2.在柜面服务过程中，柜员说明不能办理取款业务的理由生硬，让客户产生了被故意刁难的感觉，认为银行店大欺客。

二、银行员工做错了什么

1. 大堂经理有分流引导的职责，对于需要核实各项证件才能办理的特殊业务，在没有核实清楚的情况下就引导取号是错误的，产生错误的原因有两种可能：一是大堂经理不熟悉业务要求，二是大堂经理从自我角度认为客户应该知道需要携带有效证件。如果是因为业务不熟悉导致的错误，通过业务培训就可以解决，但在实际工作中，第二个原因往往是引起此类投诉的主要原因。

2. 柜员说服客户时用了所有客户都排斥的语言："我们银行规定"。"我们银行规定"这句话虽然没有什么不对，但银行员工这样说，容易显得盛气凌人，使客户认为自己只能处于被动接受的位置而产生不满。

三、对于办理特殊业务未带身份证（或证件不齐）的客户，我们需要注意什么

1.从保障客户权益的角度出发，告诉客户我们银行在办理大额取款等业务时需要出示证件，目的是为了保障客户的账户安全。

2.从解决问题的角度出发，和客户探讨解决问题的方法。服务过程中，做好安抚客户情绪的工作，避免服务过程中与客户产生语言争执，抓住客户的心理变化，积极引导客户进行配合。

3.柜面服务与大堂服务及时联动。当柜员与客户沟通不畅时，应及时联系大堂经理或网点负责人寻求相应的帮助。

话术示范

示范 1

客户进入营业厅，大堂经理及时、有效地进行引导分流。

大堂经理：您好！请问您办理什么业务？

客　　户：我取8万元。

大堂经理：请问您预约了吗？有没有带身份证？

客　　户：昨天打了电话，已经预约过了。还要带身份证呀？你们怎么不早说，我今天没带。

大堂经理：您昨天预约了，非常感谢您对办理大额取款业务的配合。昨天没有提醒您带身份证是我们工作的失误，给您造成了不便，我们深感抱歉。您看，客户把钱存在我们银行里，我们银行有责任保障客户账户的安全。所以对于办理大额取款业务的客户，我们系统是需要识别客户有效身份证件的。

客　　户：噢，也是，安全第一。我这就回去取身份证。

大堂经理：好的，谢谢您的理解。您回去大约要多久，要不先帮您取个号？

客　　户：谢谢，不用了，我来了之后再取号也不迟。

大堂经理：好的，那一会儿见。

话术解析

情景1中，客户因为大堂经理未及时提示携带证件而不能顺利办理业务，因此大堂经理的引导服务和解释说明非常关键。示范1中，大堂经理与客户的沟通包含了四个步骤：

第一步，大堂经理真诚感谢客户对银行工作的配合；

第二步，大堂经理主动承认自身工作失误并诚恳致歉；

第三步，大堂经理说明提供身份证件是为了保障客户的资金安全；

第四步，大堂经理补充说明无法办理的实际困难——系统无法识别。

示范2

如果我们告诉客户“提供身份证是为了保护您的资金安全”之后，客户仍然执意要求取款，应该怎么做？

客　　户：我知道你们是为了我的账户安全，可我这不是着急用钱吗？再说了，我在你们银行存钱这么多年了，咱们关系这么熟，我把身份证号码给你，请你们帮忙想想办法，帮我取了呗。

大堂经理：是呀，朱姐，您看咱们关系这么好，我们认识这么久了，对您当然百分之百放心，可这机器不行呀，它识别不了您的身份证，我们就无法进行系统操作。

客　　户：噢，还这样麻烦呀！

大堂经理：可不嘛，安全第一。朱姐您这钱一定得取现吗？可不可以转账？如果可以转账给对方的话，在网上或自助机上操作就可以了，不像取现这么麻烦。

客　　户：不行呀，非得要现金不可。

大堂经理：那要不这样——5万以下柜台上不需要识别身

份证，您先在柜台上取5万以下现金，然后在自助机上再取2万（如果金额更大的话，就建议到附近网点柜台再取5万以下的现金）。或者，如果您家住得不远的话，您回家拿一下身份证，这样更方便一些。

客　　户：我单位在这附近，可我家就有点儿远了，我把身份证放在家里了。那我今天就少取点吧！

大堂经理：好的，那我先帮您取个号。现在等候的客户有点儿多，为了节约时间，请您先去自助机取2万。等自助那边取好了，这边号估计也就快到了。

客　　户：好呀，好呀！谢谢啊！

话术解析

示范2中，对于未携带身份证而要办理大额取款业务的客户，大堂经理进行解释说明后，迅速地转入推荐解决方案的沟通模式，巧妙地用封闭式问话向客户推荐了两个解决方案——电子银行服务和自助设备服务，让客户做出最佳选择。对于未携带身份证又确实急需大量现金的客户，我们应尽量帮助客户采取组合方案解决问题，同时也可以向客户推荐电子产品和自助设备等其他服务渠道。

当客户坚持“与银行关系好”“自己就是身份证”时，我们该怎么应对呢？“我们认识这么久了，对您当然百分之百放心，可这机器不行呀，它识别不了您的身份证，我们就无法进行系统操作”，这些话通常能成功地打消客户执意取款的念头。客户办理特殊业务时，如果无法出示本人的有效证件，服务人员就可以这样与客户沟通。与此同时一定要及时从客户的角度出发，给出合理的建议，帮助客户更好地解决问题。

服务启示

1.对于银行员工的工作失误，客户有时候并不是非要得到赔偿或争个对错，而是对糟糕的服务体验表示不满。服务人员如果主动承认错误，理解和尊重客户的感受，改善客户的服务体验，多数客户就不会再较真了。

2.示范中大堂经理很好地运用到了感召式沟通，站在客户的角度与其沟通，让客户认识到，出示各类证件是为了保障客户的账户安全，而且没有相关证件办理业务确实存在非人为能解决的实际困难，最终得到客户的理解和体谅。

3.从保护客户资金安全的角度出发，真诚地再三解释并致歉，多数客户能够接受不能办理的现实。

情景 2

客户需重新填单但不愿离开柜台

某客户在柜面办理业务时，柜员发现凭单填写存在涂改，因此建议客户到填单台重新填单，客户担心重新排队又需要等待较长时间，期间大堂经理的联动服务又解释不当，最终导致客户不满，不愿离开柜台。

柜　　员：不好意思，先生，您填写的汇款单有涂改，麻烦您重新填写一张。

客　　户：啊，不会吧！就改了这么一点点就不行？我填单时，你们工作人员又没有跟我说汇款单上不能涂改呀。再说了，这上面我只是改了一个字，又不影响什么，你帮忙通融一下不就行了吗？

柜　　员：不好意思，这是规定，通融不了，您重新填一张吧！

客　　户：（客户大怒）什么破规定！还通融不了！我办个

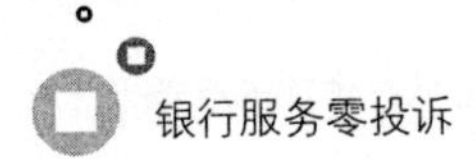

汇款等了40多分钟，到了这会儿才叫我去重新填写单据，我又得重新排队，你们这不是要我命吗？再说了，我刚才填单时，你们大堂经理就站在旁边，她也没说这单子填得不行。她要是早跟我说，我就早改呗，免得在这等了这么久，你又要我重新填，重新等……你们这不是故意浪费我的时间吗？

柜　　员：实在抱歉，我总不能违反规定给您办吧！您还是赶快去重新填单吧，我这边还有很多客户排着队呢。（柜员举手示意，请大堂经理过来协助）

客　　户：排队关我什么事，我都排了40多分钟呢！

大堂经理：您好，请问发生了什么事吗？

客　　户：什么事？你还好意思问什么事？我在你那边填单填了那么久，你都不说我这单子填错了。现在倒好，等了40多分钟，终于轮到我了，现在才跟我说这单子不行，要我重填，还得重新排队。你们的时间宝贵，后面有客户等着，难道我的时间就不值钱吗？

大堂经理：不好意思，先生，我们没说您的时间不值钱，再说了您填好单后应该递给我看一下呀，今天客户那么多，我哪顾得上呀？

客　　户：（顿时怒气冲冲）就你们忙，我们就不忙呀，你还怪起我来了！不填了，填啥呀填，这款我也不在你们这儿汇了。帮我取款，把我的钱全取了，再销户，以后再也不来你们这破银行了！

案例分析

一、客户为什么投诉

1.当柜员提出凭单存在涂改时，客户已知道自身有失误。但客户试图得到柜员的特殊照顾，这时柜员说“这是规定”“通融不了”，直接拒绝了客户，客户感觉柜员没有尊重自己，因此产生不满的情绪。

2.大堂经理在服务过程中强调客户应该主动找他核实填单，带有明显的推卸责任的意图，客户再次感到自己没有被尊重，因而被彻底激怒。客户认为造成他在这个时候重新填单的原因是大堂经理现场指导不到位，当自己填单完毕后大堂经理应该主动检查并核对一下填写的单据是否符合要求。

二、柜员与大堂经理做错了什么

1.长时间等候对每个人而言都是一件痛苦的事情，这位客户白白地等候40分钟后，银行员工对此没有表示任何歉意，并直接拒绝了客户的请求，对任何人来说都是一种隐形的刺伤。

2.客户不愿意重新填单的真实原因并不是客户嫌麻烦，而是害怕再次长时间的等候，对此柜员与大堂经理没有提供合理有效的建议给客户，从而进一步加深了客户对再次等候的担忧和恐慌感。

3.大堂经理过来后的第一句问话便带有挑衅成分，“请问发生了什么事？”这句话客户会理解成对方在指责自己给银行添了麻烦，客户的不满情绪会更加严重。

三、对于需要重新填单或提交相应资料的客户，我们应该注意什么

1.如果需要重新填单或提交相应材料，服务人员首先要向客户致歉并说明原因，待客户材料准备充分后，应提供优先顺序办理。

2.对于已经等候很久并担心再次等候的客户，沟通时应把“优先顺序办理”第一时间告知客户，免除客户不必要的担忧。

3.大堂经理面对客户不满情绪，沟通时要以致歉、合理化建议为主要内容，切忌不能有任何推卸责任的话，这样只会进一步激怒客户。

◉ 话术示范

柜　　员：不好意思，先生，为了保证您的汇款能及时、准确、无误地汇到对方账户，您填写的单据上不能有任何涂改的地方。麻烦您再重新填写一张好吗？

客　　户：这上面我只是改了一个字，应该不会影响到收款的，就帮忙通融一下吧！

柜　　员：先生，我也很想通融通融，但是实在抱歉，万一因为这汇款单上涂改的地方影响到您汇款的准确性，就会给您和收款方带来不必要的麻烦。这会儿重新填一下单据就可以避免不必要的麻烦发生。（及时举手请大堂经理过来协助）

大堂经理：您好，请问有什么能帮助到您的吗？

客　　户：我刚才在你那边填单子填了那么久，你都不说我

这单子填错了，现在倒好，等了40多分钟好不容易轮到我了，才跟我说填的不对要重填，又得重新排队我哪有那么多时间！

大堂经理：实在不好意思，刚刚办业务让您等了那么久。刚刚您填好单后我没有及时帮您核对，这是我工作的失误，给您带来这样的麻烦实在是抱歉。但是您放心，您重新填单后不用再重新排队叫号了，我现在给您办一张续办卡。我先陪您过去把凭条填好，您再拿着这张续办卡回到原来办理的柜台，待柜员办理完手头上这位顾客的业务后，就可以为您续办了。您不用再重新排队，只需要等一会儿就可以了。

客　　户：噢，那还差不多，我还以为要重新叫号呢！

大堂经理：您这边请（大堂经理引导客户至填单台），这是凭证样板，您按照样板填写。（站在一旁指导，待客户填完单据后，帮助客户检查是否填写正确）

客　　户：好，谢谢！

大堂经理：不用谢，这是我们应该做的。刚才因为我工作的失误耽搁了您宝贵的时间，深感抱歉。您下次来时我们一定会避免类似的事情再发生，为您提供更好的服务。非常感谢您对我们银行的信任与支持！

话术解析

示范中，柜员和大堂经理通过柜内外联动成功地避免了与客户之间的纠纷：

第一，柜员与客户沟通的第一句话要从客户角度出发，将重新填单的原因由原来的“我行规定”变为“为了保证您的汇款能及时、准确、无误地汇到对方账户”。这种换位思考的沟通方式能够提高客户的接受度。

第二，对于因单据填错或其他特殊原因需续办的客户，为客户提供相应的续办管理办法，有效解除客户对再次排队等候的担忧。

第三，大堂经理主动承认由于自己工作不到位，没有引导客户填单并及时帮忙检查和核对填好的单据，同时向客户致以真诚的歉意。

服务启示

在类似情景（客户拒绝离开柜台重新填单）中，客户表面看起来是在无理取闹，其实绝大部分的客户并不是要故意找茬，他们只是希望银行能够快速、准确地办理完业务，帮助他们解决问题，如果办理过程感觉愉悦就更棒了。如果客户反映我们存在什么问题，不要急于辩解，谁对谁错并不重要，争辩只会带来更糟糕的结果。银行服务人员只有抱着这样的心态，从高效解决问题的角度出发，才能避免与客户发生纠纷。

情景3

客户为了取一笔钱往返银行三趟

这已经是袁女士为了办理清户业务第二次走进支行营业部了，大堂经理一眼就认出了她。

大堂经理：您好，袁老师。请您取个号，稍等片刻。

袁 女 士：来回一个小时，总算把我父亲的身份证拿来了。

大堂经理：麻烦您了，因为您是代办清户业务，按规定需要您和户主两个人的身份证。

袁 女 士：下午还有事儿，希望这次能办好。

十几分钟后，5号柜台接待了袁女士。

柜　　员：您好！请问您办理什么业务？

袁 女 士：这是我父亲的工资本，退休后就不在这儿代发工资了，折子里也没多少钱，我想把这户给清了。刚刚来过一趟，大堂经理说要两个人的身份证，这不，都在这儿呢。

柜员核对证件后，开始办理，却发现该户是卡折一体户，光

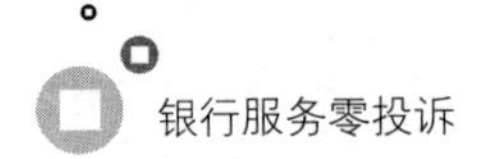

凭存折不能办理清户业务。

柜　　员：这是卡折一体户，要办理清户得把借记卡带过来。

袁 女 士：（有点懵了）为什么不早说？一会儿身份证，一会儿卡的。这不折腾人嘛！

柜　　员：这是六年前开的户，您可能不知道，当时银行还没在存折封面盖“记卡户凭密”的印章，大堂经理单凭存折是看不出来的。

袁　女　士：要不这么着，我把折子里的钱取完，不清户了。好几年前的事儿了，不知道还能不能找着那卡。

柜　　员：对不起，长期不动户是不能办理正常存取款业务的，必须做清户处理。如果要取钱，还得麻烦您再跑一趟，带着借记卡来。

袁 女 士：……

第二天中午，袁女士再次出现在营业部。

大堂经理：（还是那么笑容可掬）袁老师您好！希望今天能办得顺利，我来帮您取号。

袁 女 士：哪有这么折腾人的，你们的优质服务真不知从哪儿说起……（边说边指向墙上的《优质服务承诺书》）

大堂经理：对不起，袁老师，我知道这两天您受累了。谢谢您指出我们工作中的不足之处，也请您多谅解。

正说着话，已经叫到袁女士的号了。

柜　　员：您好！请问有什么可以帮您？

袁 女 士：办理清户，这是折子和卡，还有身份证。

柜员审核无误后开始办理清户手续，要求客户输入密码核对。

袁 女 士：（拿出一张字条）你看看应该是哪个密码，这都是我父亲给的。

柜　　员：（没有接她递过来的字条）密码该由您自己保管，这我不能帮您。

袁 女 士：当初代发工资的时候，你们银行又发折子又办卡的，密码也都是你们统一留的。现在让你看看哪个是对的，怎么推三阻四的？

柜　　员：这样做是违规的。

大堂经理：（闻声走了过来，对袁女士轻声说）按规定，我们不能试您的密码，不过您自己可以一个个试。

柜　　员：（当袁女士按下第二组密码时）这个正确。我马上为您办理后面的手续，请稍等。

10分钟后，袁女士以“取一笔钱让客户跑三趟，服务水平太差”为由向市行工会进行了投诉。

情景分析

一、为什么问题解决了，客户还要投诉

很多时候，当人们消解了意识层面的失望后，依然还有一些无意识的失望存在，这是因为之前的失望事件遗留在身体内的能量并没有被消除，即使人们已经忘记当时失望的原因。所以，研究投诉顾客的心理需求非常重要。

根据笔者多年一线服务辅导经验，投诉客户的心理大致有以下几类：

投诉服务质量——希望获得补偿；

投诉规章制度——希望解决问题；

投诉服务态度——希望获得尊重；

投诉管理问题——希望获得重视。

袁女士第二次到网点时向大堂经理表达的“希望这次能办好”，表面上看是她的期望和意愿，但从情绪角度分析，却是失望情绪的表现。总体来说，客户此时希望能够顺利解决问题。

当袁女士第三次进入网点，指着《优质服务承诺书》的时候，已经暴露了更高的心理需求，即获得补偿。因为银行承诺优质服务，但客户未感受到“优质”，理应给予补偿。然而在实际处理过程中，客户并未得到任何补偿。

二、大堂经理和柜员做错了什么

客户期望银行的服务能够准确办理业务，快速解决问题，愉悦的服务体验是获得优质服务的重要体现。从表面上看，大堂经理和两名柜员都按章操作，言行之中也无明显不当之处；但在解决问题方面，客户跑来跑去，取一笔钱非常费力，是一次非常糟糕的服务体验。

如果大堂经理能做好业务预处理，一次性把需要说明的问题交代清楚，完全可以避免袁女士往返银行多次。

如果柜员在首次柜面操作遇到问题时，能够一次性把需要注意的事项交代清楚，也可以避免袁女士再次往返银行。

总而言之，无论是大堂经理还是柜员，在服务过程中，一方面对客户的关注度不够，未能给出充分的业务提示，另一方面自身经验不足，未能预料到后期出现的各种情况。

三、遇到客户办理业务过程几经波折的情况，我们怎么做

如果出现客户办理业务几经波折、多次往返银行的情况，归根到底多数是银行服务人员提示不足或解释不清晰造成的，所以银行员工首先要向客户致以真诚的歉意，并及时地协助客户澄清需求并解决问题。

客户在办理业务过程中，最直接和最重要的目的是解决问题，所以在问题解决之前客户一般能够控制自己心中的抱怨，但当业务处理完毕之后，如果客户的抱怨情绪没能得到有效化解，抱怨就会爆发出来，导致事后投诉。

办理业务过程波折的客户是预防投诉的重点客户，服务人员务必要确认已经满足客户的直接需求和心理需求后，才能结束服务。

服务启示

如果银行人员都能够设身处地从客户的角度进行思考，与客户多一些深度沟通，多了解一些客户的信息，在交流的过程中让客户感受到银行的规章制度同样也在保障客户的利益，相信双方对彼此的期待会更加平衡。对于经办的每一笔业务，员工越是能够考虑周全，提醒细致，就越是能够得到客户的理解和尊重。由此可见：

优质服务来源于用心，用心必然会得到丰厚的回报；

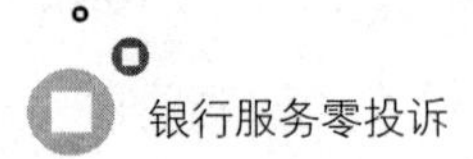

优质服务来源于准确，准确是效率和快捷的前提；

优质服务来源于积累，积累知识和经验是客户百分百满意的保障。

情景4

客户遭遇诈骗感觉被银行冷落

在客户流量高峰期，营业厅里熙熙攘攘，大堂经理正在辅导一位客户填单。

客　　户：我有急事需要咨询一下。

大堂经理：（扭过身）好的，先生，您办理什么业务？

客　　户：我好像被诈骗了！

大堂经理：被诈骗了多少？

客　　户：400多块钱。有人打电话给我，说我家孩子的社保基金没缴，这样以后去医院看病就报销不了，我一着急就信了他的话。他一开始跟我说缴纳4000块钱，我说没有那么多，听朋友说只缴纳几百块钱，那人说440块钱是最低的基数，我心想也没多少钱，就按照他给的账号办转账了。这不，刚在那边机器（自助）转的。刚转完，我突然觉得被骗了。钱还能要回来吗？我怎么办呀？

客户一股脑地诉说着缘由，此时旁边的客户又求助大堂经理填单，大堂经理不得不去辅助填单，忙完之后赶紧转身回答询问。

大堂经理：这样啊，我建议您拨打110。

客　　户：才几百块钱，也不多，就是想知道还能要回来吗？

大堂经理：一般转账完3秒后骗子就把钱转走了，这个我也没办法。

客　　户：真的没办法了吗？

大堂经理：我们银行真的要不回来。还有被诈骗80多万的呢，都没要回来，没办法，只能报警！

客　　户：（客户电话报案之后，继续郁闷地向大堂经理抱怨）是没多少钱，可400多也是钱啊……

大堂经理：您也知道，我们网点旁边就是妇幼医院，骗子经常用这种方法诈骗，已经有很多客户上当了，被诈骗多少钱的都有。我们真的没办法，只能拨打110报案。

客　　户：你这是什么态度啊？400多也是钱啊，你们银行怎么不想想办法，提示一下我们啊！

大堂经理：我们提示了啊！您看，这不写着“谨防诈骗”吗？（大堂经理指着填单台上提示牌）

客　　户：我要投诉，这是什么态度啊，你们太不负责任了！

◉ 情景分析

一、客户为什么投诉

1.客户作为受害者，心情很不好，一定程度上将自己的糟糕情绪发泄到了大堂经理身上。

2.大堂经理不能专心地跟客户说话，让客户感觉大堂经理对自己的事情不够重视。

3.客户认为银行有提示被诈骗和解决诈骗案件的责任。

二、大堂经理做错了什么

1.在语言表述方面，大堂经理有三大失误：

一是大堂经理只反复强调处理办法，欠缺安抚客户的语言。

二是大堂经理似乎对诈骗事件已司空见惯，未考虑到对客户而言碰到这样的事情其实是很意外、很令人生气的。如果投诉处理人告诉客户“这是常有的事”，等于向客户传达了“我们的客户经常被诈骗，同时你的投诉对我们来说不重要”的信息，客户当然很生气。

三是在处理客户异议方面，大堂经理使用了反驳语言，有推脱责任的嫌疑。

2.在事情处理方面，大堂经理欠缺轻重缓急的安排技巧。大堂经理因为同时服务于两位客户，所以对被诈骗客户的专注度不够，导致客户感觉被冷落了。与填单客户的服务需求相比，经济受到损失的客户更需要得到即时服务。

三、对于被诈骗或损失了财物的客户，我们要注意什么

1.对遭受财物损失的客户，不论什么原因，我们都应在第一时间表达出同情，多一些富有同理心的安抚语言，比如“我理解您的心情”等等，帮助客户减轻痛苦感。

2.无论损失金额大小，对客户都是伤害，我们都应给予重

视。沟通时身体要面向客户，目光注视客户，哪怕只有专属的一分钟，客户也能感受到我们对事件的关注。

3.如果大堂经理服务精力有限，必要时建议求助同事协助客户报案。对于既成事实的诈骗案件，虽然我们没有更好的解决方案，但我们可以用热情和积极的行动来弥补客户对银行的失望。

话术示范

客　　户：我好像被诈骗了！

大堂经理：先生，您先别着急，把细节跟我说一遍，看有没有办法降低您的损失！（同时示意其他客户，这位客户的业务特别急，或者请大堂经理助理协助其他客户填单）

客户详述被骗经过……

大堂经理：我了解了。骗子一般在转账完成后3秒钟之内就会转走汇款，所以汇款很难及时追回了，我建议您马上拨打110备案。

客户拨打电话备案结束。

大堂经理：（端上一杯水，缓解一下客户的焦急情绪）我理解您的心情，如果是我，可能比您更焦急。现在骗子手段太多了，防不胜防，所以我们在大堂经理台、自助设备、厅堂电子屏、柜台等地方设置了防诈骗提示。真抱歉，我刚才太忙了，如果您在转账前，我能提示您一下就好了。

话术解析

话术示范给出的解决方案包含了五个要点：

第一，告知客户损失的结果——肯定不能及时追回了；

第二，给出可能追回损失的方法——拨打110报案；

第三，实施安抚客户的措施——端上一杯水；

第四，运用同理心对客户的遭遇表示同情；

第五，向客户说明银行提示诈骗信息的设施，让客户明白银行已经做了防范措施。

在情景4中解决问题的关键点是沟通技巧。面对客户时，无论是站着还是坐着，服务人员的身体要尽量正对着客户，眼睛看着客户，真诚地安抚客户，让客户感到被重视。大堂经理每天都会被一拥而入的客户们围在中间。这时，千万不要烦躁，也不要觉得人太多太麻烦。换个角度想想“被需要其实是一种幸福”，此时的“被需要”，证明你在工作中是不可或缺的。当你伸出双手热情服务的同时，也收获了“被需要”的幸福。

当客户正在说话时，有一些大堂经理会打岔或抢话，这样会让客户觉得你不尊重他，你没有专心听他的话，从而引发客户焦躁的情绪，接下来你的回复通常都不会获得客户的满意。同时，也更容易造成双方误会，因为客户没有说出来的部分，很可能就是他描述的重点，这样反而容易错失可沟通的机会，遗漏客户的核心需求和员工应该关注的焦点。优秀的大堂经理不仅是一位绘声绘色的陈述者，更应是一位耐心细致的倾听者。当客户发现你用心在听他所说的内容，他就会认为你提供的解决方案是根据他的特殊情况提出的。用心聆听，让客户畅所欲言，用客户习惯的话语和喜欢的方式回应客户，可以大大提升客户的服务体验。

规范叫号管理，稳定服务秩序

情景5

客户被插队后情绪激动

某日上午晨会后，大堂经理考虑到天气炎热，便提前10分钟打开了营业厅的大门，10多位客户早早进来开始等候办理业务。过了一会儿，排队机开始叫号“请001号客户到2号窗口”，结果当001号客户来到服务窗口时，柜员已经在受理另一名客户的业务，001号客户气愤之下声称自己心脏病发作，大堂经理迎来一个突发事件。

柜　　员：您好！请问您办理什么业务？

客　　户1：存10万现金。（边说边不断往窗口塞现金）

客　　户2：我是001号。（客户拿着叫号牌，诧异地看着

柜员）

柜　　员：不好意思，先生，我先帮这位客户办完，马上帮您办，好吗？

客　　户2：你刚才明明叫的是001号啊？难道有000号吗？我都在这等了一个小时了。（老大爷抱怨着，语速越来越快，面部表情越来越不快）

柜　　员：您看这位先生要办理大额现金……

客　　户2：哦，他是VIP吧？不能这么欺负我们这些普通客户啊！我的心脏啊！（老大爷用手捂着胸部，身体顺势倒在了柜台上）

柜员顿时慌了神，赶紧求助大堂经理。大堂经理将客户搀扶到休息区，进行询问。

大堂经理：大爷，我马上帮您拨打120吧！

客　　户2：没事，不用打，我就是心脏难受，我有心脏病……

大堂经理：大爷，方便把您家人的电话给我吗？我让他们来接您。

客　　户2：你们嫌贫爱富，我的心脏受不了，找家人有什么用……我要投诉你们支行，把电话给我，我现在就投诉……

客户打电话向总行服务中心提出投诉后拒绝离开营业厅，支行长和大堂经理多次劝解无效，期间不断有其他客户走过来围观。最后，银行联系到了老大爷的家人，对方接受赠送的礼品后才离开营业厅。

情景分析

一、客户为什么投诉

1.客户认为银行安装叫号机的目的就是为了维持秩序，如果柜员可以不遵守叫号机的顺序，随意受理业务那么取号排队就变得没有意义了，浪费正常排队客户的时间。

2.客户认为自己受到了不公正待遇。自己明明排在第一位，并且为此付出了起早排队和等待的时间，却被其他特权客户插队。

3.客户认为自己受到了经济歧视。普通客户对VIP客户插队非常敏感，尤其当前面的客户展示了大量现金时，容易引发普通客户的异样心理。

二、柜员做错了什么

1.柜员准备工作不充分，没有仔细核对排队号，也没有了解当前客户的情况就急于办理业务，导致排队秩序出错，引发客户不满。

2.柜员在安抚客户过程中，没有对自己的失误表示歉意。尽管柜员提出了解决措施，但服务人员需要结合当时场景和客户情绪表现灵活处理。被漏号的客户是一名老年客户，身体不太好，加上柜面大额现金的展示，这些都激化了客户的情绪。

三、对于排队顺序引起的客户异议，我们要注意什么

1.在日常管理中，进一步加强网点排队叫号管理，培养柜员对号办理业务的工作习惯，充分利用叫号资源提升网点运营效率和服务质量。柜员应做好班前准备工作和每笔业务清整工作，及

时提示当前客户排队。

2.大堂经理应做好客户引导分流工作，尽量避免插队情况的出现。对插队客户造成的影响，要先处理被插队客户的情绪，再尽快提出解决方案。

3.对于排队引起的抱怨，尽量人性化灵活处理。老年客户是受关爱的客户群体，柜员可以提示插队的客户表示歉意和感谢，即使不能调整服务顺序，也会让老年客户感觉被尊重。

4.对于贵宾（或携带大额现金）客户与普通客户，建议分区服务，避免同区服务；也可以通过设置绿色窗口形式，改善不同客户的服务体验。

话术示范

示范 1

客　　户2：我是001号。

因为客户1持大量现金无法再更换窗口，且处理完毕需要较长时间，柜员迅速决定重新安排窗口。

柜　　员：（面向客户2）先生，非常抱歉，我没注意到您的叫号条，我马上请大堂经理为您安排窗口，请稍等。大堂经理请到2号窗口。（柜员转向客户1）这位先生，您看旁边这位大爷是001号，他来的最早，因为我的失误没有核查您的叫号条，我原本应该先为他办理的，真是非常感谢这位客户。（柜员引导客户1向旁边的客户2致谢）

客　　户1：不好意思，原本是你先的，我插队了，非常抱歉，也非常感谢你。

客　　户2：……（虽然会有很多种反应，但客户基本会表示能接受）

话术解析

示范1中，柜员行动中包含了最重要的两点：一是迅速承认自己的失误，挽回客户2的信任感和安全感；二是在当前情景下两位客户默认是对立关系，柜员在两位客户之间做一个连接，让客户之间化干戈为玉帛，简单一句“感谢”通常能够化解尴尬。

示范 2

客　　户2：我是001号。

因为客户1持大量现金无法再更换窗口，且处理完毕需要较长时间，柜员迅速决定重新安排窗口。

柜　　员：大爷，非常抱歉，我没注意到您的叫号条，我马上请大堂经理为您安排到快速窗口，请稍等。大堂经理请到2号窗口。

大堂经理：（迅速走过来，接受了柜员的示意后）大爷，非常抱歉，您是我们的第一位客户，由于我们工作的疏忽耽误了您的时间，请跟我到快速窗口办理吧。这位客户不是我们的贵宾客户，只是这么多金额携带不方便，考虑到资金安全无论是谁都不方便更换窗口，您说是不是？（如果客户仍不满意，可以送上小礼物表达歉意）

话术解析

示范2给出的解决方案包含了五个要点：

第一，柜员迅速承认失误，肯定了客户，客户感到被尊重的同时也会有些许的成就感；

第二，柜员迅速估计插队客户办理业务所需时间，如果业务简单可以请求被插队客户稍等，如果业务复杂即刻求助大堂经理安排新窗口，或迅速寻求其他方法；

第三，大堂经理再次致歉，提出解决方案，将客户引导至贵宾区；

第四，大堂经理提出“无论是谁持大额现金都不方便更换窗口”，获得客户理解；

第五，由于柜员工作失误，部分客户存在获得补偿的心理，必要时员工应送上小礼物进行安抚。

服务启示

排队纠纷一直是各家银行比较头疼的问题。经常有一些老年、伤病等特殊客户来网点办理业务，因为等待焦急而在厅堂中间来回走动，一方面使服务人员产生心理压力，影响正常办理业务，另一方面也会影响其他客户对银行服务的体验。以前，多数银行坚持按照业务种类及“先来后到”的原则进行排队处理；但在近几年，各家银行改善了排队的管理，更加灵活了，大多设置了绿色快速窗口和爱心窗口，不但使特殊客户能快速办理业务，也保证了厅堂服务流程的顺利运行，同时真正体现了以客户为中心的服务价值理念。实践中由于网点合规或网点服务人员紧张而不能单独设置窗口的情况时常发生，建议大堂经理每日进行厅堂巡检时及时帮助这类特殊客户优先办理业务。

银行客户的金融需求变得更加多元化和个性化，客户的维权意识越来越强。同时，由于生活节奏的不断加快，社会压力的增大，现代人普遍情绪不稳定。如果遇到客户情绪失控，没有必要去辩解或是抱怨客户的不理智行为，不管是哪一方的错，最终的结果对银行而言都是负面影响。

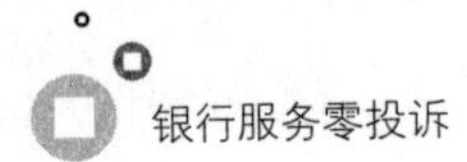

情景 6

客户不取号排队，强行办理业务

某家银行有一位特殊的中年女客户，几乎每天上午都来存款，但从来不取号排队。每次这位客户进入网点后就直奔柜台，看到哪个窗口刚办完业务就往上冲，插在下一个客户的前面，不管服务人员如何解释和引导，她都装糊涂，表示“就是要办业务，你不给办我就不走”。

半年来，大堂经理见到她就躲，柜员见到她就害怕。在办业务的整个过程中，这位女客户都面无表情，也不愿意与员工做过多的交流。每天这位客户都来存款，强行将现金推进柜台里，柜员往往很不情愿地给她办完业务。

经了解后得知，这位女客户并不是这家支行的客户，而是某商城支行的客户，在商城做小买卖。每天结束营业时商城支行都已经下班了，她就把营业款带回家，第二天早上来该支行存款，存完后再去商城开门营业。

情景分析

一、客户为什么会这样

这位客户身份的特殊性是产生服务障碍的根源。这位客户是其他支行营销的客户，但不在开户支行办理业务，服务她的支行多少有些不情愿——因为不能直接为自己支行带来利益，所以感觉自己提供服务是费力不讨好。

该客户的营业款急需存入银行，又急于赶到店里开门营业。客户着急是肯定的，那为什么她会选择用强行的方式来办理业务呢？为什么柜员为她办理业务她并不会心存感激呢？原因很简单，因为银行服务人员没有给她行方便，更没有真正接受这位客户。客户为了确保营业款的安全，不得不来离家最近的网点存款。为了能早点去店里开门营业，只有不排队才能最快办理业务。因此只能使用强行的方式，只有强行才能实现最快办理业务。

二、银行员工做错了什么

1.员工忽视了这位客户的现实需求，习惯性地排斥客户不排队的行为，造成和这位客户始终对立的关系。

2.员工在长达半年时间内，始终处于被动服务的状态，甚至采用消极的躲、闪的方式拒绝与客户接触，带着情绪接待客户，没有积极寻找更有效的解决方案。

三、对于强行插队的客户，银行服务要注意什么

导致客户不取号排队的因素大致分为四种，我们可以根据不同客户采取不同的措施来预防客户投诉：

——不知道要取号排队；

——找不到取号机；

——有紧急事；

——不愿意排队。

不知道要取号排队和找不到取号机的客户是最好处理的，一般经过大堂经理协助取号后客户都能按照秩序排队。

有紧急事的客户一般表现得比较着急，态度也不会太恶劣，因为这类客户的目的就是尽快办完银行的业务。对于这类客户，大堂经理可根据实际情况稍加协调，协助客户尽快办理完业务。

不愿意排队的客户是最不配合的客户。客户不愿意排队的原因主要是不想把时间浪费在银行，想节省排队的时间。这类客户如果是陌生客户，不会对网点造成持续的负面影响。如果是熟悉的客户，大堂经理应给予特别关注。

话术示范

根据上面提到的这位女客户的情况，经过分析后，银行做出以下的应对方案。

第二天该客户又急匆匆来到网点，刚一进门，营业主任就上前迎接这位客户。

营业主任：姐，您过来了，今天还是存款？

客　　户：嗯！

营业主任：我是这里的主任，我来帮您安排提前办理！（顺势把她引导到大厅一边）姐，您是不是着急去店里开门呀？

客　　户：是！

营业主任：别着急，我每次看您来都很着急的样子。您在这儿稍等一下，我马上帮您安排窗口办业务。

大堂经理见状马上到休息区询问号码，确定两个客户后有一个空号码，走到这位客户面前。

大堂经理：（小心翼翼地）姐，您好，您的号码是22号，前面还有两个客户，马上就能给您办业务了，您再等两分钟，叫到22号我会直接叫您过来办业务。

客　　户：好吧。

营业主任：姐，我看您经常来这里存款，以后再来，就直接找我，我来帮您安排，我们都知道您做生意不容易，能给您行方便我们一定会做的。

客　　户：哦。

营业主任：您看我们这样安排，也不会影响其他客户，同时您的业务也能快速办好，如果您不找我们的工作人员协调，声音太大的话让其他客户听到您插队，我们的工作也不好做是不是？下次来一定悄悄地找我们的大堂经理，她会帮您安排的。

大堂经理：姐，以前是我们没有关注到您，请您谅解，这是我的名片，叫我小培就行，下次出门之前，您给我打个电话或发个短信，我会提前帮您安排，您到了直接找我就行。您放心，您是我们的老客户，我们会尽力帮助您的。

客　　户：太好了，谢谢你啊，小培。我也给你们添了不少麻烦。

大堂经理：没事的，这也是因为我们工作做得不足。

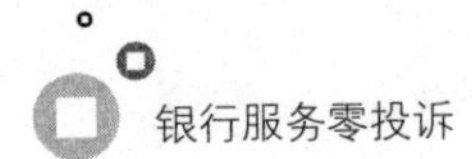

客户到窗口办业务的时候柜员很热情地进行接待。

柜　　员：王姐，您过来啦，今天存多少？……

客户很愉快地办完存款后与柜员和大堂经理道别，大堂经理将该客户送到门外。

大堂经理：姐，下次来时一定提前和我说哦！以免耽误您开门。祝您生意兴隆！

之后这位客户每次都是按照银行的安排办理业务，哪怕不能马上办理，也没有不满情绪。后来，这位客户与大堂经理成为了朋友，并成为该网点的VIP客户。

服务启示

通过整体分析，我们可以得出两个重要启示：

一是客户的初衷是希望得到帮助。客户发现到该网点没有人愿意帮助她，只能老老实实地排队等候，同时客户又发现只有强行的方式才能最快办完业务，所以该客户决定采用强行的方式办理存款。如果我们能及时给予客户相应的关注和协助，这位客户的态度和行为都不会那么冷漠。服务双方是平等的，当服务人员表现冷漠时，客户回馈的也只有冷漠。

二是支行员工改变服务策略后，客户的行为也发生了改变。由于营业款有零有整，无法通过自助渠道办理，客户不得不到柜台办理，同时为了保障正常营业又急需快速办理业务，不得不强行办理。其实客户也不想用这样不礼貌的方式，如果服务人员可以主动帮助客户，客户是很愿意接受的。只要服务人员站在客户的角度去处理问题，总有办法解决看似难以解决的问题。我们要善于找到客户的关注点，帮助客户解决掉最关注的问题，也就解决了服务难题。

情景 7

客户未听到叫号，过号引起纠纷

2014年曾发生一起客户未听到叫号错过号码后与银行发生冲突，最终导致大堂经理下跪的事件，在社会上造成了不良影响。这一事件虽然属于个别现象，但是普通的客户纠纷处理不当也会造成银行与客户关系紧张。在营业厅服务过程中，由于客户未听到叫号引起的纠纷不胜枚举，引发纠纷的原因多种多样，叫号系统故障、员工操作不当、客户自身原因等等。如果是客户的原因导致错过号码，客户一般不会无理取闹，因为客户知道自己存在过失，只要我们能够及时帮助客户，客户基本都会认可。下面我们列举两个比较常见的因为客户未听到叫号引起的纠纷。

例 1

甘肃某银行某日上午，由于柜员呼叫号码速度较快，导致34号客户未反应过来，已经叫到35号客户，两位客户同时到达窗口都要求办理业务。

34号客户：我刚才没反应过来你叫我的号，你叫得太快了，现在给我办。

柜　　员：（接过34号客户的存折）好的。

35号客户：（不高兴）我有急事，等了快半小时了，轮到我了为啥不给我办？

柜　　员：先生您稍等，我给这位客户办完马上就给您办。

35号客户：（直接把卡塞进柜台）先给我取3万，我着急用。

柜　　员：（面向34号客户）女士，我先给这位先生办完，你先在旁边等一下吧。

34号客户：（开始激动地大嚷）我也着急啊，我也等了半小时了！

柜　　员：刚刚叫34号您没听到，我先给这位客户办完就给你办。（说完，柜员拿起35号客户的卡开始办理取款）

34号客户：（非常不高兴一直站在窗口旁边）你们叫号叫得那么快，我听到号就过来了，还没到窗口你们就叫了下一个号，怎么能这样呢？

柜员一直保持沉默不予理睬，办完35号客户业务后才带着满脸的不快给34号客户办理业务，服务期间也没有表示过歉意。34号客户办理完业务离开之后便拨打投诉电话投诉该员工工作态度差、不负责任、不专业。

例 2

湖北某银行，一位男客户发现自己过号了，站在窗口焦急地

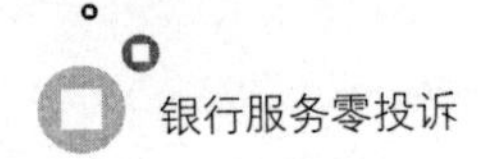

大声喊起来。

客　　户：我才过了两个号，凭什么让我重新排队？

柜　　员：过号重新排队是规定，客户要是都像你一样，那还不乱了套。

客　　户：我又不是过了很多，刚才去取款机上查了下余额，没听到叫号。

柜　　员：你还是再取个号吧！

客　　户：我都排队等了好长时间了，你们办业务这么慢，我重新排队又要很长时间，我今天不干别的了？

柜　　员：那没办法，别人也是这么排的。

客　　户：我偏不重新排队，现在就给我办，不给我办谁都别办！

这名客户等正在办理业务的客户办完业务后始终霸占着柜台不让其他客户办理业务。柜员只好极不情愿地给这位客户办理业务，其他等候的客户显示出不满。期间大堂经理始终没有上前提供协助服务。客户办完业务后便马上拨打电话进行投诉。

情景分析

一、客户为什么投诉

客户错过号码的情景有很多种，从责任方来判定主要有两类：一类由员工操作不当引起，一类由客户自身失误引起。

例1中由于员工操作不当导致客户未及时听到呼叫自己的号码。这类纠纷在网点经常发生，一般银行叫号次数都有规定，柜员必须呼叫3次后，无人应答才可以叫下一个号码；但在实际操作中，叫号次数过少、过快导致客户投诉的事件时有发生。

例2中客户由于自身失误导致错过号码。客户发现自己错过号码后，明知自己有错在先，但仍希望柜员能通融一下，避免自己再重新排队浪费时间。当请求被拒绝后客户可能会选择强硬的方式来逼迫柜员，以达到自己的目的。

从客户心理需求角度分析，客户一旦错过号码将面临重新排号，无法马上办理业务，多少会心有不甘，这时往往会把责任都推给柜员或期望柜员能给予便利，无视过号重排的规定。

二、柜员做错了什么

1.柜员在业务繁忙时，会降低核对号码的频率，从而容易出现排队纠纷。柜员应培养严格核对排队号码的工作习惯，使客户按照顺序排队办理业务。对于过号情况，建议视情况灵活处理。如果错过的号码在3个号以内，可以根据大厅的情况来决定是否协助客户办理业务，同时向其他客户说明情况。

2.柜员与客户沟通的过程中，语言表述过于生硬。在服务的过程中客户希望得到尊重，拥有平等对话的权利，但柜员说出指责和贬低客户的话如“那还不乱套了”“别人也是这么排的”“扰乱秩序”“你有什么特殊的”“别的客户比你素质高”等都会激怒本来情绪就不稳定的客户。

3.办理业务过程中调整心态很重要，柜员带着怨气办理业务会使矛盾升级。无论面前的客户处于怎样的状态，柜员都应按照规范的流程提供服务，以最轻松的心情应对每个业务。员工无法选择面前的客户，但可以选择用何种心情提供服务。尤其当客户存在明显过失时，员工更不能用糟糕的心情惩罚自己啊！

三、对于未听到叫号而错过号的客户，我们要注意什么

1. 首先应核实该客户的号码，确定客户错过的号码数——3个号码以内可酌情为其办理；3个号码以上应先询问该客户办理业务的种类。如果客户要办理的业务非常简单，在不耽误后面客户的前提下，可灵活把握，酌情为其办理。如果业务相对复杂，可试探性告之需要重新取号或求助大堂经理提供其他解决渠道。如果客户坚持要办理，可呼叫大堂经理协助安排到其他窗口办理业务。

2. 注意与客户沟通时的语言表达。无论是什么原因导致客户过号，都不要直接要求客户“重新排队”。客户有情绪时，切忌使用“这是规定”“没办法”“都是这么排的”“你急别人也急”等冷漠的言语，以防激怒客户。待客户愿意接受柜员或大堂经理的安排建议时，我们应表示歉意和感谢。

◉ 话术示范

示范 1

客　　户：怎么没叫我的号啊！我一直在盯着窗口。

柜　　员：不好意思，先生，请问您是多少号？

客　　户：78号。

柜　　员：先生，已经过了3个号了，您要办什么业务呢？

客　　户：我取2000块钱。

柜　　员：那这样，您在旁边等一下，我把这位客户的业务办完，马上给您办。

客户一般都会安静地等候，办理业务期间柜员应适时的提醒客户下次不要再错过号码。

柜　　员：让您久等了，您这笔业务比较快，不会耽误太多时间，所以我先帮您办了，别的客户过号都需要重新排队，下次来一定不要再错过哦！

示范 2

客　　户：你们怎么跳着叫号啊？怎么没叫46号啊？

柜　　员：对不起，女士，请问您办理什么业务？

客　　户：我要办理挂失。

柜　　员：女士，我刚刚叫了46号，可能您没注意，现在已经过了8个号码了。您看现在等候的人不多，大家都看着呢，我要是给您办了其他人会不满，因为您这笔业务耗时比较长，让大堂经理帮您再取个号吧，核实一下挂失单有没有填错，等不了几分钟。

客　　户：不能给我先办吗？

柜　　员：女士，今天人少，我们两个窗口很快就会再排到您的。谢谢您的理解！（柜员呼叫大堂帮助客户重新取号）

话术解析

在这两个示范中，柜员处理过号情况都包含了三个环节：

首先，询问客户号码，其实是向客户强调他已经过号了；

之后，询问客户办理的业务类型，了解客户的同时使客户的求助得到回应，客户会感觉被关注了，一般不会再产生负面情绪；

接着，柜员再提出稍等或重新排号要求，这时客户一般都能理解和配合。

在日常排队叫号管理中，排队叫号管理是网点厅堂管理的重要组成部分，直接影响客户对服务的感受，服务人员应主动接待客户，并根据不同场景灵活地进行疏导和协调。

服务启示

等待时间越长，客户越容易分散注意力，产生过号现象。所以，要想彻底解决排队过号的问题，必须合理利用资源，缩短服务时间，减少客户等待时间才是防止过号的关键。

大堂经理可以通过了解客户的具体需求把客户分流到自助区域或相关擅长处理该问题的空置柜员窗口，这样就会减少因为员工业务生疏而造成办理业务时间过长的情况。另外，网点还可以实施弹性排班或设置快速业务办理通道等人力资源管理办法，防止柜台资源因工时不均的问题产生时间的浪费。

同时大堂经理应主动引导客户分流，合理调配客户服务资源。由于网点电子化渠道逐渐增多，银行提供给客户办理业务的途径也变得更加丰富。大堂经理在客户取号时应进行第一次分流，在客户等待时可以进行第二次分流，这样能够起到及时提醒客户注意号码，防止过号现象产生。如果客户能优先选择使用电子化渠道来办理业务，将大大缓解柜面压力。

沟通到位，高效准确地办理业务

‖ 杜绝操作失误，是一切服务的起点 ‖

情景 8

柜员与客户沟通偏差，导致意外销户

某个周一上午，郑女士来到银行营业部办理业务，柜员热情地接待了她。但第二天客户返回柜台来询问时，发生了意想不到的事，郑女士发现自己的存折被意外销户了。

柜　　员：您好，请问有什么可以帮您？

郑 女 士：把存折里的美元都取出来换成人民币。

柜　　员：（接过存折和证件，核对后与郑女士确认）存折账户余额是1956.30美元，请问您是要全部取出吗？

郑 女 士：（很确定地回答）是的，全部。

柜　　员：（将1956.30美元全部结清并兑换成人民币，打印

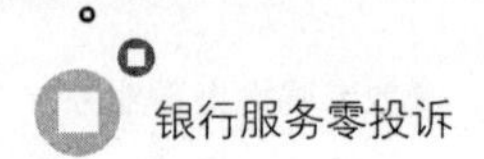

传票后请郑女士签字）今天的兑换价是×××，请您核对后在传票的右下角签字，谢谢！

郑女士在清点钱款无误后离去。第二天，郑女士再次出现在营业厅。

大堂经理：（热情地迎上前来）您好！请问您办理什么业务？

郑 女 士：我昨天来兑换外币，走得匆忙不记得拿存折了，今天来问问。

大堂经理有点诧异，因为早上晨会时没有通报昨天有客户遗留物品。

大堂经理：您还记得是哪个窗口，哪位柜员吗？

郑 女 士：（抬手一指）她在，就是那个长着娃娃脸的小姑娘。

与柜员经过一番交流后，郑女士得知她昨天做了结清交易，存折理应收回，柜员按照业务流程已经对她的账户做了销户。

郑 女 士：你们怎么可以这样？招呼都不打一下！

柜　　员：我昨天一再确认的，问您是不是全部取出，您应该记得吧？

郑 女 士：全部取出就等于销户吗？你这样也叫确认？照你这么说，责任都在我啦？（郑女士越说越激动，站起身隔着玻璃向柜员大喊）你怎么可以说销户就销户，至少要告诉我一声啊！非但不认错，还强词夺理。哪有你这样的！

柜员默不作声，面无表情。

大堂经理：（不停地劝慰郑女士）您先消消气，说不定里面有些误会，坐下慢慢说。

等候办理业务的其他客户闻声聚拢过来，开始指指点点。

郑女士：（声音又高亢了几分）大家都来评评理，存折取完钱就销户，一声招呼都不打，这算什么？

大堂经理忙着维护秩序，劝说其他客户回到等候区。客户一直在表达强烈的不满，柜员始终一言不发，眼眶开始变红……

情景分析

一、客户为什么投诉

1.客户生气的表面原因是柜员没有及时提供明确的业务提示，本质原因是柜员服务沟通存在问题。

2.当客户抱着解决问题的心态询问时，柜员面对自己的失误，没有及时认错，还有推脱之嫌。

3.当客户情绪激动时，柜员默坐式的反应，进一步激怒了客户。

二、银行员工做错了什么

该情景中有两项流程没有执行到位，一是柜员的业务操作流程，二是大堂经理的接待流程，从而导致郑女士情绪波动直至影响到整个营业厅的秩序。

从业务操作层面检查柜员的操作流程，似乎没有明显的错漏，问题的关键是：客户是否理解“全部取出”意味着销户？在没有得到明确答案之前，柜员将银行从业人员对概念的认知等同于客户的认知，所以她省略了对客户而言极其重要的“后果告知”。如果柜员向郑女士强调一下“全部取出”的后果，那么第

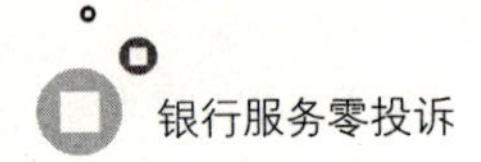

二天的情况就不会出现。

大堂经理在“晨会时没有通报昨天有客户遗留物品”的情况下，直接让客户与柜员对话，违反了基本的接待流程。正确的做法是：先向客户了解情况，随后与同事取得共识，然后再决定如何处理。

三、由于员工与客户沟通偏差导致业务差错时，我们要注意什么

如果客户有明确的服务要求，出现差错，往往是银行员工的失误。一旦客户发现差错，银行员工应及时承认并致歉。

面对既定差错，解决方案最关键，这个时候探讨“问题是怎样形成的”毫无意义。该事件中，如果郑女士的原存折账号再也不使用了，她有必要如此激动吗？大堂经理或柜员错误地试图找到出错的原因，反而忽视了有效解决方案的提出。

出现业务理解偏差的根本原因是客户与银行员工之间的信息不对称。相对而言，银行员工具备更丰富的业务信息，因此在服务过程中，员工应尽量提供完整的业务相关信息。

话术示范

营业部赵主任来到业务窗口前，轻声对大堂经理说道：“你去忙吧。”转而对郑女士点了点头：“您好！我是营业部主任，我姓赵。您可以跟我说说具体情况吗？如果不介意的话，请到我的办公室坐坐，可以吗？”客户虽然不高兴，但也没有拒绝。

步骤一：了解情况，稳定情绪。

经了解得知，郑女士在国外的亲戚最近有几笔汇款要汇到该账户上，现在银行做了销户处理，汇款没法正常到达，将影响资金的周转。

赵主任首先对银行职员服务的不细致、不周全给郑女士带来麻烦深表歉意，接着向郑女士表示银行一定会解决好这个问题。双方交谈过程中，赵主任亲自为郑女士泡茶、递糖果。

步骤二：调动资源，解决问题。

为了避免郑女士的汇款因账号不存在而被退汇，赵主任立即致电业务管理部门，为郑女士开设新的活期账户，并承诺近期内原账号的汇款将直接划入新账号，同时嘱咐郑女士及时通知国外的亲戚已开设的新账号。

事发后的第二天，有一笔国外的汇款顺利汇入郑女士的新账号。

郑女士非常满意银行的办事态度和效率，专程找到赵主任表达她的谢意，同时表示自己因概念不清对业务错误也负有一定责任。

步骤三：举一反三，提高认识。

事件处理结束后，在营业部的例会上银行对这起投诉进行了分析和讨论。请员工们思考在日常工作中还有哪些容易让客户产生误解的业务概念，从而提高警惕意识，做到举一反三。

服务启示

从服务的维度分析，在处理比较容易让客户产生误解的业务时，银行职员要从客户的角度去解释相关业务术语。“全部取出”对客户而言可能只是将存折上的金额全拿出来而已。在实际工作中还有很多业务需要银行职员向客户阐明关键的要点，帮助客户准确理解并作出选择，如：外汇宝交易的买卖方向，汇出、汇入汇款方式的选择等等。

从营销的维度分析，一个账户就是一份存款的来源。在客户未明确表示要销户时，柜员不必主动提醒客户，毕竟保留总比减少更好些。即使客户明确表示要销户，也可以问一问原因。所有人都知道：留住一名老客户远比争取一名新客户要容易得多。

从支持体系的维度分析，科技部门在业务处理页面上应对柜员增加一些提示，如“销户后将无法恢复其原有功能。（提醒客户）是否继续？”这样可以大大减少因疏忽造成的业务差错。

情景9

柜员录入错误，导致汇款被退回

某日中午，一位年轻女客户走进北京某银行网点，自行取号后到休息区等候，13分钟后叫到该客户的号码，该客户走到柜面进行询问。

客　　户：您好，我上午10点多往××行汇款96万，为什么给我退回来了？

柜　　员：把单子给我，我查一下。

客　　户：（该客户耐心等待3分钟后）查出来了吗？

柜　　员：你等一下。

客　　户：（该客户继续耐心等了5分钟后询问）还没查出来么？

柜员没有回答，期间柜员一直和后台主管交流并查询单据，又过了3分钟，该客户有些等不及了，左顾右盼，巡视了一圈后又焦急地向里面的柜员询问。

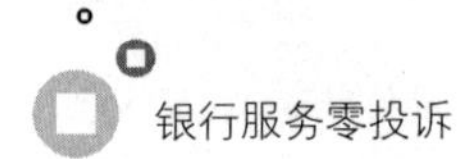

客　　户：到底是怎么回事啊？这么久还查不出来？

柜　　员：你再等一会儿。

客　　户：（又过了3分钟，客户有些急了）怎么查个退款需要这么久？你们这是什么工作效率？

柜　　员：好了，这个汇款是因为收款人名字写错了才被退回的。

客　　户：怎么可能？我自己给自己转账还能写错名字啊？

柜　　员：是我这边电脑录入错误了，我马上再帮你把款转过去。

客　　户：你这是什么工作态度？你们的大堂经理呢？你们没有主管么？我要找你们领导！

大堂经理：（马上跑过来）您好女士，请问有什么需要我帮助的？

客　　户：你们的员工工作效率太低了，我查查转账被退回的原因，就用了快20分钟，这是什么效率，出了差错还不道歉。你们××行了不起啊？店大欺客啊？我们没有脾气啊？

大堂经理：女士，实在是抱歉，我代表这位员工向您道歉，是我们做得不对，实在是对不起，我现在马上帮您处理，您先消消气，我来解决这个事情。

大堂经理马上询问柜员情况，此时柜员已经将该笔业务重新办理完成。

柜　　员：对不起女士，让您久等了，是我工作的失误，请您理解。

大堂经理：（帮助客户整理好单据，交由客户，边送客户边说）实在是抱歉，是我们工作的失误，我会上报行长，以后多加强业务培训，给您带来不便，还请您多多包涵。（大堂经理一直将客户送到大门外）

客　　户：工作失误我能理解，谁还没做错过事情，关键是做错了，还不道歉，我汇这笔款是要急用的，一直把我冷在那里20分钟，这是我最生气的地方，谁都不容易，看你的态度还不错，我就不追究了，但那个柜员真是需要好好培训培训。

大堂经理：是是是，我们一定会对他多加培训，感谢您的理解，祝您生意兴隆！

客户满意离开，并没有拨打投诉电话。

情景分析

一、客户为什么投诉

1.客户转账急用钱，而款项被退回，客户了解退回原因的心情急切，也怀疑是自己出错导致汇款被退回，因此虽然着急，但是开始时还能够耐心等待，多次得不到查询结果的情况下也并未发怒。然而当得知是柜员工作失误造成转账被退回，而柜员也无任何歉意时，感觉自己在办理业务过程中被无故冷落，因此讨要说法。

2.客户按照银行的相关规定排队办理业务，又积极配合员工查询该笔业务的差错处，得到的却是员工冷漠的服务态度和不负责任的过失，情绪很容易被激化。

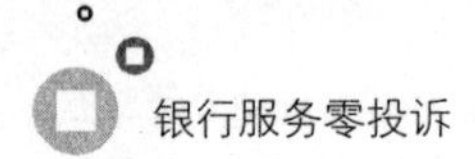

二、柜员做错了什么

1.柜员查询到是自己出错后没有主动承认，向客户解释说明后也未及时向客户致歉。显然柜员面对自己的过失想蒙混过关，推卸责任，从而没有马上向客户致歉。

2.柜员始终未关注客户。首先未关注客户的查询需求，在了解客户转账被退回后也没有进行交流，更没有关注到客户焦急等待的心情。期间客户多次询问查询结果，柜员使用的语言生硬单一，没有及时回应和安抚客户急于查询的心情。

三、大堂经理哪里做得好

1.大堂经理听到客户愤怒的表达后马上跑着来到客户面前，这个动作已经让客户感受到大堂经理非常重视自己，从而对大堂经理产生了信任。因此当大堂经理询问时客户能够顺利交流，不至于使客户投诉升级。

2.大堂经理见到客户后首先向客户真诚地道歉，在得知是柜员操作失误导致客户不满后，主动提出上报行长，加强对员工的业务培训等以示重视，使客户再次感受到被关注，因此得到了客户的谅解，客户不再继续追究。

3.大堂经理将客户一直送到门口，用“祝您生意兴隆”这样的语言使客户解开心结。

四、对于银行员工工作失误的情况，我们要注意什么

1.银行服务人员应及时表示歉意，并积极协助客户查找原因。如果不能马上找到原因，应向客户进行说明，如该笔业务因系统或程序需求可能需要客户等候的时间，如：3分钟、5分钟、

10分钟等等。如果柜员不能马上查找到原因，需要其他人协助时，协助人也应给客户一个微笑并表示歉意，请客户耐心等候。

2.大堂经理的其他实践建议：

——大堂经理可以将客户带至僻静处，请客户稍坐，并递上茶水，安抚客户。

——大堂经理要感谢客户提出的宝贵意见，表示这样有利于提升网点今后的服务水平。随后如果大堂经理能够递上自己的名片，表示愿意随时接受客户对服务方面的监督，将加深客户对大堂经理的良好印象，并为该行挖掘潜在优质客户奠定了基础。即使不能随手拿出名片也可以补充一句："如果您下次有大额的业务需求，可以到行里直接找我，我帮您提前做好相关准备，您愿意的话可以留一下我的电话，我的电话是139********。"

——大堂经理送别客户后，应记录投诉的经过，并查询该客户的相关信息，在第二天的晨会中告知全行员工，下次见到该客户应特别关注，并分析此次投诉的原因及解决办法。

◉ 话术示范

如果柜面服务人员运用处理客户抱怨的技巧，在不求助于大堂经理的情况下做好投诉预处理，就可以有效避免投诉的发生。

柜　员：您好，请问您办理什么业务？

客　户：您好，我上午10点多往××行汇款96万，为什么给我退回来了？

柜　员：真抱歉让您又跑一趟，麻烦您把回单给我，我查

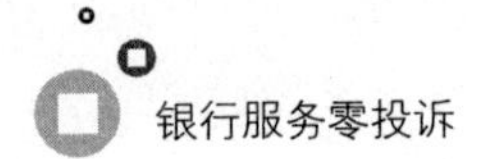

一查哪里出了问题，请您稍等一下。

客　　户：好的。

柜　　员：这笔退款我需要进入系统查询原始单据，可能需要您多等几分钟，我查出来会马上告诉您结果。

客　　户：好的，要快啊，我着急呢！

柜　　员：大概××分钟就能查好，我让大堂帮您倒杯水吧！（视情况判断是否需要给客户倒水）

柜　　员：让您久等了，汇款被退回是因为我把收款人名字输错了，耽误您的资金使用，实在是对不起，我现在马上再为您重新做一笔转账，用不了两分钟，可以吗？

客　　户：好吧……

话术解析

示范中，柜员的服务流程包含了三个步骤：

首先，向客户致歉，安抚客户。如果是客户自身出了差错，客户会积极配合柜员重新完成该笔业务，对客户进行安抚将提升客户的服务体验，这样能够把一位潜在的贵宾客户提升为忠实客户。

接着，柜员在查询过程中，发现该笔业务比较复杂，需要较长时间才能找到原因，因此及时告知客户，并预估等候大概需要的时间，使客户安心。

最后，柜员得知是自己工作的失误造成客户的不便后，及时道歉并承诺快速重新办理该笔业务从而获得客户的谅解。

情景 10

柜员不当言辞，导致优质客户流失

下午刚上班，支行长办公桌上的电话铃声骤然响起，陆行长接起电话问道："您好！请问哪位？"电话那头的女士如疾风骤雨般地质问道："是陆行长吧，我们事务所一向与××网点合作得不错，可今天早上发生的事情让我们很气愤！我想请教陆行长，对于你们银行职员不负责任的言行，你说该怎么处理？怎么挽回局面？"陆行长："您先别着急，有事请慢慢讲，我帮您解决……"

经过了解，这位女士是与该行合作较密切的某会计事务所的经理，前几天介绍了开发区一家正在筹备中的新能源企业给××网点的赵主任，准备将该企业的验资款存入××网点。上午，验资企业财务部打来电话进行咨询，恰好赵主任外出，接电话的客户经理因为业绩不佳在晨会上刚被赵主任点名批评，便略带情绪地回答说："你说的那个不是我们主任，她不在。"（赵主任是代主任，非正式的）没想到客户经理的这两句话让验资企业对赵主任的身份产生了怀疑，随后立即致电会计事务所，表达了对银

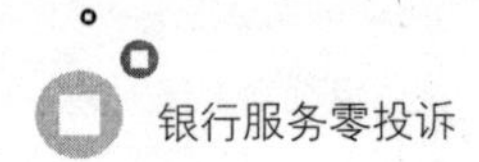

行网点和事务所的不信任，明确表示不再在该事务所办理验资手续，验资款也不再存入该网点。

事后银行方面通过多次诚恳的道歉，在会计事务所的帮助下，才最终挽回了这个优质客户。

情景分析

一、客户为什么拒绝接受银行的服务

1.客户经理那句“××不是我们主任”表述不清，易产生歧义，导致客户直接质疑银行员工的身份，间接对事务所产生质疑。

2.客户经理接听客户电话过程中明显缺少文明用语，存在语气不当等问题，客户有权利另选择服务态度更好的银行进行合作。

二、客户经理做错了什么

1.客户经理接待客户时将自身不良情绪转嫁给客户，使客户对银行服务质量产生质疑。

2.客户经理忽视了集体服务原则，无论客户咨询哪位同事，应以服务客户为先。每位银行员工都是服务客户的个体，但在客户面前都代表着全行的服务水平和质量。

三、如果银行服务人员为客户提供服务时存在情绪波动，应该注意什么

尽量避免带着情绪上岗。很多时候，服务人员说出不当的言语，都是不良情绪导致的，所以银行管理层要积极地为网点员工排除不良情绪。

当我们接听客户电话时，要注意到电话服务也是“面对面”

的，客户可以从我们的语气、节奏中获得感受，所以请保持笑容，认真专注地与客户沟通。不论是“两站三声一双手”，还是“服务营销七步曲”，都在强调面对面服务的要求。随着银行业务多元化和电子渠道的普及，不谋面的服务必将成为未来金融服务的主流形式。

该事件中客户经理的话：“你说的那个不是我们主任，她不在。”即使说的是事实（原则上说赵主任作为代主任的确不是正式的主任，当时她确实外出不在网点），那为什么客户会听到不一样的内容呢？因为很多时候人们在接收信息时会融入自己的主观判断，特别对于一些本来就不确定的事，会产生更多的怀疑。

该事件中，客户经理由于晨会上被批评而情绪不佳，心理定势和过度加工往往是当时极易做出的反应，如：放大挫败画面引起内心恐惧、对信息的传送者心存疑惑、按照自己的意愿主观地过滤或添加……所以在客户经理还未有效处理“无用情绪”时，她的言行往往会出现偏激。

晨会已经在全国各金融企业中被广泛推广，有“快乐晨会”“激励晨会”“爱心晨会”等不同的名称，10分钟左右的时间里，无不提倡积极沟通和传播正能量。如果网点负责人多一些鼓励和沟通，少一些批评和指责，员工的情绪就能够维持在较好的状态。

服务启示

1.从银行发展的角度来看，我们应该把客户投诉理解成“鼓励”而不是“麻烦”。当今市场竞争的红海格局，使客户有了更多选择，客户只有在愿意继续与这家机构合作的情况下，才会希望对方做得更好，不然，客户没有必要花费自己的时间和精力来帮助银行提升服务质量。

这例投诉中，会计事务所经理的投诉是想要终止与银行的合作吗？答案显然不是，而是为了今后更好地开展合作，呼吁银行应该尊重客户，为客户提供优质的服务。毕竟获得一个优质的新客户所投入的人力、物力往往是维护一个老客户的好几倍。对会计事务所而言，政策因素也许能降低一定的营销成本，但与客户之间的信任关系却是首要的关键因素，一旦这个底线被触动，必须采取相应行动来弥补。所以，就不难理解事务所经理直接把投诉电话打给支行长的行为了。“最小能量法则”时常指导人们用最小的投入获取最大的成果。

2.冲突源于内心的卓越性（正向的意图）。我们可以分析该事件中的各种冲突，并逐一梳理冲突背后的卓越性（正向的意图），看看有什么新的发现。

晨会上，赵主任批评客户经理近期的业绩不佳。（赵主任行为背后的意图——希望客户经理有更好的业绩，面对工作时能更加积极主动）

验资户向会计事务所表达终止合作的意向。（验资户行为背后的意图——希望信息更准确，业务处理过程更顺畅，得到尊重）

事务所经理责问支行长“怎么挽回局面”。（经理投诉行为

背后的意图——希望开展更完善的合作，银行的服务更加优质，获得共赢）

无数事实证明，不论人们采取何种行为，必然蕴含一个积极正向的意图。我们要做的就是洞察这个意图，促使我们与对方的目标趋同。试着分析一下发生在身边的冲突，找一找行为背后的正向意图，你会发现世界是多么美好。

3.控制自我情绪，正视冲突。在银行日常事务中，冲突无处不在，没有任何一种知识、一套技巧、一个过程可以将个人及组织从冲突的现实中解放出来，人们的认知、敏感程度、情绪处理能力以及冲突各方的价值观直接影响到冲突的结果。尽管如此，许多冲突还是可以避免或者淡化的，这就要求我们认知和践行以下内容：

——抽出时间与周围的人多进行交流，更好地了解他们的价值观和处事方式；

——对他人和自己都要诚实；

——不要对不同意你的看法的人心存敌意；

——学会倾听；

——善于从以往的冲突处理中总结经验；

——把冲突视为自然现象，具有积极作用，甚至可以带来开创性的结果。

当然，如果我们在为客户服务的过程中，能百分百地遵循服务规范标准，做到礼貌待客、解释清晰，是完全可以避免与客户产生冲突的。

准确解释业务规程，减少沟通的摩擦

情景 11

客户投诉银行不予兑换零币

某客户来银行兑换2000元零钞，银行因零钱不够而不能满足客户需求。而这已经是拒绝客户的第5家银行了，客户情绪变得非常激动，与柜员发生冲突。

大堂经理：您好！请问您办理什么业务？

客　　户：我来换点零钱。

大堂经理：好的，那您先排个号，在那边休息等一下。

柜　　员：请0213到3号柜台，您好！请问您办理什么业务？

客　　户：我想换2000元零钞，全部要1元的硬币。

柜　　员：2000元？全部是1元的硬币？现在都4点多了，没有2000元这么多。只有600元的硬币，换还是不换？

客　　户：怎么可能，这么大的银行连2000元的硬币都没有，你们是不是因为快下班了，就故意不想给我换？这年头换点零钱咋这么难，你们是第5家拒绝我的银行了，我一下午跑了5家银行都说没有钱，你们银行是不是故意不给客户换零钱？

柜　　员：只有600元，您换还是不换？

客　　户：（无奈而愤怒地看着柜员，大声说）那就先换上吧！

10分钟后，这家银行的客户服务中心955××接到了这位客户的投诉电话。

客服人员：小姐您好，请问您怎么称呼？

客　　户：我姓杨。

客服人员：杨小姐您好，请问有什么可以帮您的吗？

客　　户：我要投诉你们××网点的柜员，我去你们银行换点零钱，她却因为要下班了，就不给我换，而且态度非常不好，我要投诉她。

客服人员：谢谢您给我们提出了宝贵意见，您这个情况我们需要核实一下，麻烦您留下您的电话好吗？我们有了结果第一时间联系您！

情景分析

一、客户为什么投诉

1.柜员服务语言不当使客户服务体验较差。当柜员说“现在4点多了”，暗示已经临近下班时间，容易让客户认为柜员在埋

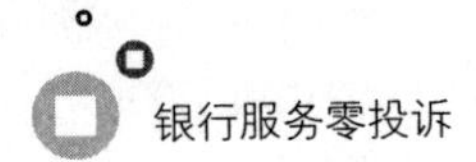

怨。在业务办理过程中，柜员两次问客户“换还是不换？”语言生硬，让客户认为柜员在催促。被埋怨和被催促的感受，对客户而言必然不是好的服务体验。

2.客户的业务没能办理成功。柜员在零钱不够的情况下，没有向客户提出合理的建议帮助客户。而且这已经是客户拜访的第5家银行了，客户产生被银行冷落的感受也在情理之中。

二、银行员工做错了什么

1.银行没有理由拒绝兑换零钞这样的公众服务，大堂经理和柜员应该默契配合，充分估计兑换金额和业务办理时间，尽量节省柜面服务所需时间。

2.大堂经理引导不利，对于前来办理业务的客户未能进行有效的引导。大堂经理应该事先了解兑换的金额与币值，询问柜台是否有充足的准备。

3.柜员服务态度不热情，同时缺乏沟通技巧。即使客户在营业结束前一分钟来网点办理兑换业务，柜员也不应该埋怨和催促客户。提供准确和快速的服务，解决当前难题是客户最想得到的，也是柜员最需要做的事情。

三、对于兑换大量零钞或大量零钞换整的特殊业务，我们应该注意什么

对于兑换大量零钞业务，银行不得拒绝客户业务需求。（参见《中华人民共和国行政许可法》第六十七条规定：取得直接关系公共利益的市场准入行政许可的被许可人，应当按照国家规定的服务标准、资费标准和行政机关依法规定的条件，向用户提供

安全、方便、稳定和价格合理的服务，并履行普遍服务的义务；未经作出行政许可决定的行政机关批准，不得擅自停业、歇业）

对于大量零钞换整业务，从货币管理关系看，按照《中华人民共和国中国人民银行法》的规定，人民币无论是主币还是辅币都是我国的无限法偿货币，在本货币区域内都具有绝对的支付效力，任何单位和个人不得拒绝接受。

当零钞不够的情况下，我们应向客户提出合理的建议，询问是否可以兑换一点其他面值的零钞；如果客户要求必须兑换相应面值的零钞，银行可以如实告知当天能兑换的金额，剩余金额可预约办理。

如果出现类似特殊业务需求，银行可以建议客户选择银行客户流量不大的时间段办理；如果数目较大最好提前预约，避免耗时耗力；如果客户非理性地要求办理此类业务，银行友好地再三协商下仍无效，可以申请上级支持或法律支持。

● 话术示范

示范 1

大堂经理：您好！请问您办理什么业务？

客　　户：我来换点零钱。

大堂经理：好的，今天周末来我们行兑换零钞的人很多，我去柜台帮您问问，请问您想兑换多少金额，什么面值的零钞？

客　　户：我想换2000元零钞，全部要1元的硬币。

大堂经理：不好意思，我去问了下，现在只有600元硬币，要不先给您兑上，剩余的再帮您换点其他面值的。如果实在不行的话，我今天先帮您预约上，您明天再来换，行吗？

客　　户：那好吧！

话术解析

示范1中，大堂经理对前来兑换零币的客户进行了很好的询问、建议与引导工作。即使当时满足不了客户的兑换需求，只要我们站在客户的立场，用我们的专业与真心去服务客户，也会得到客户的谅解，客户也就不会投诉了。

示范 2

我们不妨把这个案例深化一下，如果在整个交流过程中，大堂经理能够通过客户办理的业务去挖掘客户，运用语言沟通技巧，与客户的对话不那么生硬，站在客户的立场上去做现场沟通，结果会怎样？

客　　户：我想换2000元零钞，全部要1元的硬币。

大堂经理：您兑换这么多的硬币，是做生意用吧，恭喜发财啊！今天来兑换的人很多，估计没有这么多，您先叫个号，坐着休息一会儿，我去帮您问问。

客　　户：谢谢吉言啊，我明天游乐场开业，需要很多硬币。

大堂经理：（去询问柜台后，来到客户身边）您好！不好意思让您久等了，我刚问了下我们柜台，目前只有600元的硬币，不过没关系，咱们还可以给您兑一些其他面值的纸质零钞。如果您觉得不行的话，我这会儿就给您预约上，剩余的明天早上就可以为您准备好。给您留个电话，您明早来之前给我们打个电话，您看行吗？

客　　户：纸币零钞就不用了，那剩余的就帮我预约上吧，明天再来换。现在换点零钱真是难呀，你不知道我已经跑了5家银行了。

大堂经理：那真是辛苦您了，说明您和我们行有缘，您看看多幸运呀，600元多吉利的数字啊，顺顺利利的，明天肯定生意兴隆。您有我们行的卡吗？以后您游戏机室那边的流动资金也可以存在我们这边，由我们的理财顾问帮您打理。

客　　户：有的，但一直没怎么用。

大堂经理：那您是我们的老客户了，怪不得这么有缘，以后有更多的机会为您服务了。

客　　户：到我的号了。

大堂经理：（客户办完业务后）剩余的零钞，我已经帮您预约好了，明天就可以来兑换了。祝您明天开业大吉，生意兴隆！您慢走。

服务启示

两个示范中客户的业务需求都没有完全得到满足，但大堂经理艺术的地沟通，让客户满意而去。因此，改善服务人员的沟通技巧非常必要。一方面要强化沟通技巧，另一方面要培养从客户角度思考问题的意识。

银行作为公共服务场所，不能拒绝每一位客户的正当业务需求，也无权改变客户，但可以适应客户的特点，引导客户。艺术性地沟通，就是适应客户、引导客户最基本的实践。

情景 12

客户不接受银行自动预约转存业务

7月的一天，某银行网点柜台上一位中年男子要办理美元转存业务，柜员热情地接待了他。

柜　　员：您好！请问有什么可以帮您？

客　　户：我要办理外币转存。

柜　　员：（双手接过客户递交的存单仔细看了看）先生您好，我行的存单都是自动预约转存的，也就是说您的这张存单5月9日到期时已经按照当天的挂牌利率转存了。

客　　户：（听到这里，客户一下子激动起来）谁让你们自动转存的？你们银行怎么可以替我做主？

柜　　员：您别着急，其实我们是为了方便储户，特设了这项业务。您看，如果不转存，这70多天只能按照活期计息了。

客　　户：听起来倒是为我着想啊，可我才不在乎这几十天的利息……这样吧，你把利息给我，本金做转存。

柜　　员：对不起，我们没有美元硬币。可以把利息兑换成人民币吗？

客　　户：（客户声音突然提高，拍着柜台喊了起来）你们这算什么呀！不经我同意就转存我的钱，又不能付给我利息，太不像话了！

柜　　员：您别激动，真对不起……

客　　户：对不起有什么用！我必须投诉你们！

◉ 情景分析

一、客户为什么投诉

1.随着人们获取信息的途径越来越多元化，大部分银行业务在客户面前变得透明。如果只是用“这是我行的规定或特点”之类近乎霸道的词汇很容易引起客户的反感。而情绪的对立，会直接推动事件走向消极对抗。

2.当客户的期望得不到满足时，他们最直接的反应是对服务者产生抱怨。如果此时银行的工作人员过于频繁地使用“对不起”“很抱歉”之类的话语，客户就会形成“银行的行为有失误”的印象。这样的印象双方交流时会被逐渐加深，从而助长了抱怨和投诉的产生。

二、对于办理此类业务的客户，我们应该注意什么

1.加强预处理。大堂经理接待客户时的那句“请问您办理什么业务？”绝对不能作为格式化的问候语。训练有素的员工应该通过与客户的交流，得知他们真正的意图，而不仅仅是了解办理

何种业务。该情景中，客户为什么不在存单到期日来网点办理转存，而是两个月之后才来呢？通过预处理，其实可以了解更多有价值的信息。

2.保持关注。很多时候，我们都在苦苦寻找VIP客户，却与身边潜在VIP客户失之交臂。一般情况下，在银行有外币存款的储户，就算没有达到某个量级，也应该被视作潜在的优质客户。这样的群体，有一些容易识别的共性，比如：对待建议的态度、做出决定的过程、回馈方式等等。该情景中，当客户向柜员说明需要办理外币转存，并提交存单后，柜员的第一个行为应该让客户感觉被尊重而不是被否定。任何人在被认为是无知的状态下都不愿意接受建议，何况他是潜在的VIP客户。

3.积极回应。这里所说的积极是完全围绕着目标而定的。如果将快速、准确地办理业务作为目标的话，银行工作人员给予客户的回应应该围绕快速、准确、完成这三大核心，这就要求柜员拥有熟练的技能、热情的态度和仔细认真的专业精神。如果我们把目标稍微提升一个层次，将支持和共赢作为目标的话，就不能仅满足于按照流程做完相关动作了，而更应该让客户体验和感受到支持和共赢的力量。银行推行自动预约转存的目的不仅限于业务层面，而是为了获得更深一层的支持和共赢。所以柜员在回应客户时，不能只停留在收益和损失上，而应该结合客户的身份、对银行的贡献、银行对此的关注等方面，多做一些获得客户支持，双方共赢的工作。

话术示范

柜　　员：先生您好，我们之间可能有了点误会，可否让我给您解释一下？

客　　户：我不要听解释，我要的是结果，你得给我满意的结果！

柜台前的矛盾似乎有激化的趋势，等候办理业务的其他几名客户也开始交头接耳、指指点点。正在业务巡视的周行长放下手里的工作，走了过来。

周 行 长：先生您好，我是这里的负责人，有什么可以帮您的？

客　　户：我正要找你呢。看看你们办的这叫啥事儿！

周 行 长：您别着急，如果可以，愿意跟我说说吗？耽误不了您太多时间。

周行长把客户请到沙发上，倒了一杯水，耐心地听完中年男子的话。

周 行 长：先生，怎么称呼啊？

客　　户：不客气，我姓刘。

周 行 长：刘先生，我们银行的这项业务，是为了大多数客户开办的，主要是为了节约大家来往银行的时间。还有，您看今天这么热，出门多受罪啊，再说了，自动转存也能让储户避免损失，您说是不是？

客　　户：……

周 行 长：估计是我们柜台上的小伙子着急了点，没把话讲清楚，让您误会了。其实啊，这个小伙子还不错，他上个月还被评为“微笑大使”呢。他没让您生气吧？

客　　户：你这么一说，我也觉得他挺客气的。的确是有点误会，误会了。

周 行 长：刘先生，您看这样好不好？我也是征求您的意见。利息部分超过1美元的，我们以美元支付，不足1美元的，兑换成人民币给您，您那15万美元，办理转存。您看可以吗？

客　　户：（略微沉默，点了点头）行吧，就这样。

周 行 长：谢谢您对我们工作的支持！（顺势递出名片，笑着说道）很高兴认识您，很愿意为您提供理财方面的服务。可以交换一下名片吗？

客　　户：客气，客气。

两双大手紧紧地握在了一起……

话术解析

在解决客户投诉和后续处理中，周行长运用了几项处理投诉的关键技术，并取得了良好效果。

1.自报家门，取得信任。当处理投诉事件的责任人出现在客户眼前时，客户会很在意你的“身份”。这个“身份”可以是职位名称，也可以是岗位名称，关键是要通过自我介绍，获取客户的信任。

2.耐心倾听，得到共鸣。倾听，是一门高深的学问，可以简单地概括为三个层次：内容式倾听、结构式倾听和全景式倾听。

超过80%的人，他们只在乎自己的立场，选择性地去听自己想要的内容，没有真正关注诉说者，更不会去支持他们的意图。建议员工在倾听的过程中，及时地回应诉说者，并重复一些关键词，这样能得到更好的效果。

3.适当赞扬，体现团队精神。在投诉银行服务的客户眼中，银行员工都是他的对立方，不管是服务的提供者还是投诉的解决人。这时候，解决问题时千万不要把同事踩在脚下自己去做“英雄”！那样做并不会消除客户对服务提供者的敌对情绪。有时候矛盾看上去解决了，但客户依然要求某个员工向他道歉，或许就是在处理投诉的过程中银行没有体现出团队精神造成的后果。

4.提供建议，追求共赢。我们都明白一个道理，所有投诉的客户，他内在的意图绝对不是放弃服务，基于这一点，双方必然存在相同的目标，关键是如何找到这个目标。

示范中，解决当下的问题——办理转存是显性的目标，要达成并得到双方的满意并不太难。而发展潜在VIP客户和获得专业理财咨询是双方的隐形目标（深层次的意图），双方一旦形成默契，将获得共赢。周行长适时地点破了这层玄机，在处理投诉事件的过程中，这可谓是最精彩的一笔。

情景13

客户无存折是否能冲账

时针刚过10点，两位年轻人行色匆匆地走进某银行网点，大堂经理热情地迎上来。

大堂经理：两位好！请问办理什么业务？

客 户 甲：汇笔钱。

大堂经理：请先填写凭条，两位随我来。（引领客户来到了填单台）这儿有模板，照着格式填写就可以了，有问题再找我。

客 户 甲：好的，谢谢！

大堂经理：不客气。今天不太忙，很快就会轮到你们了。

说完，大堂经理就转身招呼其他客户去了。十几分钟后，叫到这两位客户的号，他们径直来到2号柜台。

柜　　员：是往这个账号上存8万元吗？

客 户 甲：是的。

柜　　员：这是外地的账号，要收手续费××元。

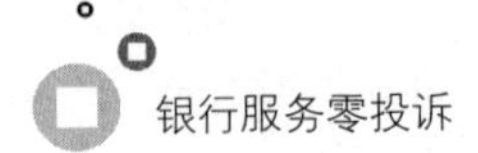

客 户 乙：手续费另外给，别从汇款里面扣。

柜员按照客户的要求，很快办理了业务，并把证件、回单和找零交给客户甲。两人边说着话边准备离开网点。当走到门口时，两人还向大堂经理招手表示感谢。可没过5分钟，两人急急忙忙地返回网点，挥舞着回单找到大堂经理，说“刚才搞错账号了，麻烦大了呀……”

原来这两位年轻人是外地某企业的销售人员，按要求应该在今天中午12点前将销售款汇到指定的账号上，可填写凭条时粗心大意填上了自己的存折账号，存折又没随身携带，现在恳请柜员为他们重新办理。

听完两人的叙述，大堂经理心里咯噔了一下，因为这事以前没有遇到过，她也不熟悉这项业务。不过，良好的职业素养让她马上进入了状态，赶紧说到：“两位不要着急，还有时间，请随我来。”边说边把他们引到2号柜台。

柜　　员：要是存折在你们身上就好了，把钱取出来重新存或者冲账再重存都行。

客 户 乙：存折不在身边啊。你能不能把账给冲了？

柜　　员：不行，做不了的。

客 户 甲：都怨我粗心大意，给您添麻烦了。要不您再看看……

柜　　员：怨谁都一样，肯定不行。

客 户 甲：（渐渐地，两位年轻人说话的声音大了起来）不就换个账号吗？这不行那不行的，行长呢？把行长请出来！

眼看着一起投诉事件一触即发。

情景分析

一、客户为什么投诉

针对该事件大家不免会产生疑惑：客户自己过失造成的后果，也应该由银行员工去解决吗？银行应该满足客户所有的需求吗？在回答这些问题之前，我们有必要先了解一下服务的真谛是什么。我们可以从多个角度去定义什么是服务，但真谛不会改变，那就是为客户节省体力和精力的付出！因此，银行作为服务性行业，满足客户需求是最基本的责任。请牢记：客户不一定正确，但他们永远是对的！

该事件中客户投诉的原因很简单，因为没有看到柜员尽力帮助客户解决当前的困境。

二、柜员做错了什么

1.关于“无折存现冲账”业务，相关指引是这样描述的：无折存现业务在办理当天由原经办柜员先对余额进行查询，确认原存金额未取的情况下可以办理冲账。很明显，大堂经理和柜员对此项业务都不熟悉，柜员主观臆断无折存现不可办理冲账业务，因此银行方应承担主要责任。

2.柜员安抚客户的技巧需要提升。即使我们无法真正帮助客户解决问题，也应该尽量让客户感受到我们一直在尽力提供帮助。该事件中，柜员没有请求其他同事的协助，自己主观臆断并坚持表示无法办理，让客户感到柜员没有尽力。

三、当客户坚持要求办理某项业务时，我们怎么做

很多时候，导致投诉产生的原因不一定是事情本身而是处理事情的过程。在该事件中，客户发现差错后，选择返回银行而不是其他途径，说明他们对银行“能处理这事”抱有更多的期望，但随着柜员一次比一次坚决的否定，特别是那句“怨谁都一样，肯定不行。”让客户由此产生挫败、失望和愤怒等一系列对“期待”的消极回应情绪。因此，遇到客户坚持认为可行的情况，建议做法如下：

首先，服务人员一定要安抚客户的情绪，向客户表态，我们会尽力帮助他解决问题；然后，对自身岗位不确定或无法解释清楚的，及时求助其他同事。柜员、大堂经理或客户经理作为服务团队，共同尽力帮客户解决问题。

如果客户提出的业务方案确实无效，务必向客户提供建设性建议，引导客户采纳适合的方案，并为我们不能立即提供有效解决办法向客户表示歉意。

如果客户提出的业务方案有效，服务人员务必及时向客户致以真诚的歉意，并迅速解决问题。

◉ 话术示范

大堂经理：（快步走到2号柜台前）两位别着急，我来想想办法，稍微等几分钟可以吗？请两位到会议室稍坐。（边说边礼貌地伸出右手做出请的手势）

客户甲乙：好吧……

大堂经理：（从会议室出来后，再次回到柜台问柜员）真不能冲账吗？

柜　　员：我没有办过这业务，不知道怎么处理。要不，我问问业管部吧。

说完，柜员放置暂停服务牌起身离开了柜台，5分钟后，柜员悄悄来到大堂经理身边低头说了几句。当时针走向12点时，两位年轻人又抱拳又作揖地感谢着大堂经理。

客 户 甲：今天幸亏遇到您啊，真是太感谢了！

大堂经理：其实啊，我们的工作也存在不足，谢谢你们的谅解。这不，我们这位柜员一定要我跟两位说声对不起。

客 户 甲：可别，都怨我粗心大意，给你们添麻烦了。

客 户 乙：就是啊，还占用了你们的午饭时间，真不好意思。

大堂经理：现在到饭点了，您二位如果有时间可以品尝一下我们这里的特色美食，网点出门右拐走不多远就是美食街，价廉物美哦……

话术解析

示范中，大堂经理恰当地出现在投诉即将爆发的临界点，并用一个新的期望“我来想想办法”及时消除客户的挫败和失望情绪，避免客户进一步产生愤怒的行为。另外，大堂经理处理得体还体现在：不仅处理了问题，还不忘处理客户的心情。当客户离开时，愉快地向客户推荐美食，暖心的一句话彻底让客户从不愉快中走出来。

服务启示

从该事件中我们得到三个启示：

一是遇到业务盲区，及时求助同事，虚心请教。银行工作人员掌握一定的业务知识是为了更全面、更高效地服务客户，在求精的同时还要求全面。当遇到没有办过的业务或对客户提出的要求不清楚制度是如何规定的时候，不能凭主观臆断行事，应及时求助其他同事，虚心请教。

二是提升服务能力，从改善服务思维开始。我们常说：思维决定行为。在该事件中，大堂经理和柜员服务意识的差别，客户完全能够从她们的言行中感受到。所以当客户要投诉时，大堂经理的出现有利于平息冲突，因为客户之前对大堂经理已经形成了“服务好”的印象，基于这样的感受，客户对她的信任度也就比较高。反观柜员，语言有些生硬，也没有及时察觉客户的心理活动，加上语言表达不当容易让客户认为是在推卸责任，就很容易引发客户投诉。

三是处理客户情绪比处理事情更重要。即使人们都熟练地掌握了如何压抑情绪，自认为自己的情绪是可控的，“掌控情绪的能力欠缺”却仍具有普遍性和习惯性。银行的客户也是这样一群普通人，他们在不确定的环境中面对未发生的事件会担忧和焦虑……他们有时候根本不知道如何妥善处理情绪，失望、难过、沮丧、焦虑、挫败感影响着他们，并通过愤怒的举动表现出来。了解以上理论后，我们不难理解为什么客户会在情绪不佳的情况下投诉银行，关键是我们必须及时地帮助客户补充积极的能量去消除那些不良情绪。

情景 14

客户定存提前支取，签字前又要求取消

某日，一名客户急匆匆地来到银行，告之家里出了急事需提前支取还有一个月就到期的15万元定期存款。柜员说明相关事项后为其办理了业务，正准备让客户签字时，客户突然接到家人电话，然后说定存不用提前支取了，但柜员已经办理完取款操作步骤，无法撤销。针对利息损失这个问题，客户与柜员发生了争执。

大堂经理：先生您好！请问您办理什么业务？

客　　户：（客户急匆匆地停下脚步）我有笔15万元的定期存款，还有两个月才到期，可是家里突然出了急事，急需用钱，借了很多地方都没有借着，我想把那还没到期的15万元存款取了，可以吗？

大堂经理：当然可以，可是提前支取未到期的定期存款，利息就只能按活期来算了。

客　　户：活期就活期吧！

大堂经理：好的，那我先帮您取个号，请在休息区稍等。

柜　　员：您好！请问您办理什么业务？

客　　户：（递过存折）我要把这15万元的定期存款给取了。

柜　　员：好的，请稍等。（迅速地开始办理）不好意思，先生！您的这笔存款还有两个月才到期，如果提前支取未到期的定期存款，其利息只能按活期来计算，具体情况大堂经理告诉您了吧？您还是要支取吗？

客　　户：是的，活期就活期吧，大堂经理跟我说了。我家里有急用，你就帮我取吧。

柜　　员：好的，那请您稍等，我这就为您办理。

客　　户：谢谢。

柜　　员：您好，请您核对后在右下角签字。

此时，电话铃响，客户用手示意接个电话，柜员耐心等待。

客　　户：（接完电话）不好意思啊，家里的钱已经解决了，不用取这笔定存了，你还是帮我存回去吧！这样就不用损失利息了。

柜　　员：对不起啊先生，我们已经下账了，您这笔定存的这10个月的利息只能按活期来计算了。

客　　户：那活期利息是多少？

柜　　员：438元。

客　　户：怎么可能？我当时存的时候你们告诉我15万存一年有5000多元的利息。我现在只是说取，这不还没有取吗？你们银行这不明摆着坑人吗?

柜　　员：那没办法，这是我们的规定，虽然您没签字可是我们系统已经下了账，这利息只能按活期来算了。（柜员举手呼叫大堂经理）

客户情绪越来越激动，执意要求银行退还定存利息，在大堂经理的劝说下，还是强行踢门闯进支行长室，要求行长退还利息，并拿起电话向总行客服中心投诉。

支 行 长：您好！请坐，您喝杯水。请问有什么可以帮您的吗?

客　　户：你们银行太不像话了，我这钱还没取出来，字也没签，咋就一下把我5000多元的利息变成了400多元，这不明摆着坑人吗？你们得还我利息！

大堂经理：王行长，是这样的，这位刘先生因为家里急需用钱，来提前支取他那笔还有两个月才到期的15万元定期存款，我和柜员都向刘先生说明了，提前支取定期存款其利息得按活期来算，这位先生已经同意了，可正当签字时，突然家里来电话说钱已解决，不用支取这笔钱了，可是系统已经下账，这位先生的利息只能按活期来算了。

客　　户：（非常气愤，大声说）那你们银行也没有人告诉我活期利息是多少，我还以为差别不是很大，谁知道差这么多。况且我还没有签字，你们员工说下账了，那是你们的事。如果我签了字，钱取出来了，那我无话可说，可现在我字也没签，钱也没取，你们就把我的利息给扣了，这不是明摆着坑人吗?

支 行 长：您请息怒，在这里休息一会儿，我出去了解详细情况后再给您答复。

情景分析

一、客户为什么投诉

1.该事件中出现“5000多元”和“400多元”的收益对比，差距较大，客户一时无法接受。在银行存定期存款的客户通常属于保守型客户，只能接受较小的波动，对风险心理承受能力较差。

2.客户内心无法接受银行的服务流程。银行在没得到客户签字单据前，就按规定下账扣其利息损失的这项规定，客户认为不合理。

二、大堂经理和柜员做错了什么

1.大堂经理与柜员在业务办理前均没有耐心地给客户计算出具体的损失金额，只是笼统地说会按活期计算，客户对损失的金额没有直观的认识。

2.大堂经理对业务熟知程度不够，当遇到这种情况时，应在第一时间向客户介绍存单质押这项业务，并从为客户减少利息损失的角度出发，帮助客户解决燃眉之急。

3.柜员过于依赖大堂经理，自认为大堂经理已经介绍了存单质押这项业务，在后面的问话中用“具体情况我们大堂经理都告诉你了吧”一笔带过。谁知客户的理解只是在按活期利息计算这一点上，根本不知道还有另外一层意思，使双方产生误解。

三、客户想提前支取定期存款或理财产品时，我们要注意什么

1.遇到大额定期存款或理财的客户，我们应该维护和管理好，不仅要帮助客户理财，还要在客户资金周转困难的时候站在客户立场上，为其提供最好的资金流转建议。

2.对于收益损失，服务人员务必准确计算出结果并向客户明确说明，充分保障客户的知情权和收益权，尊重客户的选择权。

话术示范

大堂经理：先生您好！请问您办理什么业务？

客　　户：（急匆匆地停下脚步）我有笔15万元的定期存款，还有两个月才到期，可是家里突然出了急事，急需用钱，借了很多地方都没有借着，我想把还没到期的15万元定期存款取了，可以吗？

大堂经理：当然可以，您请到这边坐一下（请至VIP室或单独的区域），请喝杯水。这位先生您好，您刚才说家里出了急事，急需用钱，我也很为您着急。您看您这笔存款只有两个月就到期了，如果提前支取未到期的定期存款，利息只能按活期来算了。（拿出计算器）您稍等，我给您具体算一下。您定存的年利率是3.5%，10个月的利息是4380元，如果按活期来算的话，利率是0.35%，10个月的利息才438元，您看如果提前支取您得损失3900多元，这多不划算啊。

客　　户：我也不想呀，这不没办法嘛。

大堂经理：您是我们的老客户，您稍等，我出去问问行长和客户经理，看有什么办法能够帮您，尽量减少您的利息损失。

客　　户：（起身握手）太感谢您了，你们银行还真是贴心。

大堂经理：刘先生您好！这是我们的客户经理，我刚才把您的情况告诉了客户经理，正好我们现在有存单质押这项业务，您可以先把您那15万元的存单质押在我们这里进行贷款，其利息远远小于您10个月的定存利息。这样不仅可以解您的燃眉之急，也可以最大限度地减少您的损失。

客户经理：刘先生，您好，我帮您具体核算了一下，如果做两个月的存单质押需要付××元钱的利息。

客　　户：非常非常感谢你们，在我资金最困难的时候，帮我解了燃眉之急，并且减少了利息损失。

话术解析

大堂经理非常尽责地邀请客户经理协作服务，有效保护了储户的收益权，降低了客户的利益损失。

在客户急需用钱时，银行帮其用损失最小的方法获得流动资金，无疑是雪中送炭，也带给客户愉快的服务体验。大堂经理的"您是我们的老客户，我们一定帮您想办法，您稍等，我出去问问行长和客户经理，看有什么办法能够尽量减少您的损失"这段话，不仅带给客户心理上的安抚，而且提到了行长和客户经理，可见该行对这位客户的重视程度，同时也提升了银行的团队协作形象。

此外，大堂经理帮助客户计算出定存和活期存款利息总额，用数据说话，让客户清楚明了，充分保障了客户的知情权。

服务启示

如果我们的员工虽然掌握了投诉处理方法并做好了投诉处理预案，但出现了服务衔接失误的情况——“具体情况大堂经理告诉你了吧！”——大堂和柜员互相推诿，客户抱怨和投诉的事件还是会发生。因此，各支行根据管理现状和员工业务能力，务必明确岗位分工，确定业务推荐、疑难解决等岗位负责人，避免因岗位之间互相猜测对方已推荐相关业务或已提供相关服务而导致客户投诉。

情景 15

大额取款未预约，客户要求取款

春节前夕的某日上午，一位私营企业老板来银行网点取30万元现金，准备第二天放假前给员工发放年终奖金。这位客户没有提前预约，同时支行库存现金也不足，期间提供服务的员工与客户沟通不当，从而引起投诉。

大堂经理：您好！请问您办理什么业务？

客　　户：我取30万元。

大堂经理：您带身份证了吗？

客　　户：带了。

大堂经理：那您预约了吗？

客　　户：没有。

大堂经理：不好意思，按我们银行规定，您取30万元现金是需要提前一天预约的。

客　　户：啊，怎么就你们银行有这规定，你把规定的文件拿出来给我看看。我上次来取20多万时，也没预约，咋就取了？

大堂经理：不可能，我们银行是有这个规定的，大额取款需要提前一天预约。

客　　户：什么不可能，不信你问问那个戴眼镜高高胖胖的男孩。

大堂经理：不好意思，那位员工今天休息了。您取这30万是干吗用呢？

客　　户：你管我干吗用。

大堂经理：是这样的先生，支取大量现金也不安全，我们这里是可以转账的。

客　　户：不行，我就要现金。明天我们员工就放假了，我得给他们发年终奖金。

大堂经理：噢，这样呀，那直接打到他们工资卡上就行了，您不需要取这么多现金。如果非要取的话，就只能明天了。

客　　户：什么只能明天！明天就放假了，我今天就非取不可。我的这些员工都是从农村来的，也不用什么卡，一直都是发现金给他们，他们看不到现金心里不踏实，你就别多问了，快想办法帮我取了。

大堂经理：那没办法，您没有预约，今天取不了。

客户不耐烦，立即拨通了银行客户服务中心的投诉电话。

客服人员：先生您好，请问您怎么称呼？

客　　户：我姓马。

客服人员：马先生，请问有什么可以帮您的吗？

客　　户：我要投诉××网点的大堂经理，我去你们银行取30万元，他们不给取。明天员工就放假了，他们非要我今天预约，说什么这是银行的规定，你们规定是人制定出来的，就不知道灵活一点？我整个厂的现金流都在你们银行里面，这会儿来取个钱还这么麻烦，还不给取，我要投诉他们，并且再也不来你们这破银行了！

客服人员：马先生，您请息怒。您说的这个情况我们马上核实一下，麻烦您留下电话好吗？核实后我们马上联系您！

客　　户：留什么电话，我现在就在你们银行里面，我把电话给他们，你们去沟通吧！什么破银行，取个钱都这么麻烦。（接着就把电话递给了大堂经理）

◉ 情景分析

一、客户为什么投诉

1.从客户行为角度分析，高价值客户对服务要求更加苛刻。该客户要求大额取款是现实需求，希望得到差别对待和贵宾服务是潜在需求，但都没有得到满足，因此感觉没有得到银行的重视，产生期望落差。

2.客户声明“上次没预约而取到了现金”，其实是想用事实证明“没有行不通的事”。这次大额取款不成功，导致客户非但不会感激上次尽力帮忙解决取现问题的员工，反而会责怪当前的员工故意刁难。

二、银行员工做错了什么

1.大堂经理识别与接待客户的技能有待提高。客户提出大额取款，是大客户级别的显著特征，大堂经理没有提供差异服务，而是像对待普通客户一样。

2.大堂经理的沟通语言出现了问题。在与客户沟通时，银行员工切忌用“我行规定”“不可能”这样的话语。当我们说“银行规定”时会突然将高度上升，让客户产生你们银行店大欺客的感觉，同时也会勾起客户的较真心理。当我们银行员工说“不可能”时，则是在否定客户的认知。

3.“您取这30万是干吗用呢？”这个问句配合当时的情景，在客户来看，银行是在干涉自己钱财的使用权，不利于双方继续沟通。相反，如果这个问句，配合大堂经理热情的态度、谨慎的语气，客户则会感受到员工的关怀服务。

4.客户上次未预约而顺利取到现金，不管当时是如何协调实现的，结果留下了让客户认为取大额不需要预约的隐患。反思上次大额取款业务，没有让客户意识到银行提供特殊服务之不易，从而导致本次大额取款客户也不预约。

三、对于大额取款未预约的客户，我们要注意什么

1.大额取款未预约的客户，通常是我们银行的优质客户，对于优质客户我们要注意在分流、业务办理方面提供差异化的服务。

2.大堂经理首先要向客户表示歉意，并告知大额取款需要提前预约，同时了解客户的紧急程度，尽量为客户取款。

3.若网点的确无法解决，通过询问了解客户的紧急程度后，及时为客户提供解决方案。若客户非常着急，在征得客户同意的情况下，银行可联系就近网点为客户办理大额取款业务。若客户可暂缓取现，则预留客户电话，告知客户钱款充足后将及时通知其办理。

4.无论大额取款是否成功，我们都应尽量让客户感受到我们热诚的服务态度，并让客户看到我们为了解决问题付出了很大努力，并再三叮嘱客户下次大额取款务必提前预约。

话术示范

示范 1

大堂经理：您好！有什么可以帮您的？

客　　户：帮我取30万元现金。

大堂经理：好的，没问题。您带身份证了吗？

客　　户：带了。

大堂经理：您昨天预约了吧？

客　　户：啊！没有哇，我忘记了。

大堂经理：不好意思，您也知道这大额取款不管在哪家银行都得提前预约，我们好为您准备足够的现金。您先到VIP室休息一下，喝点水……我们这里转账业务是不需要预约的，我建议您今天开通手机银行和网上银行，直接就可以在网上操作转账业务了。

客　　户：哦……

话术解析

在示范1中对于大额取款未预约的客户，大堂经理推荐通过电子银行渠道办理转账业务，一方面帮助客户通过其他途径解决资金周转的问题，另外一方面又恰当地介绍了网上银行和手机银行业务。

示范 2

客　　户：不行，我就要现金，明天我们员工就放假了，我得给他们发年终奖金。

大堂经理：员工遇到您这样好的老板，可真是有福气呀！我马上就去柜台帮您看看现在有没有足够的现金，请您先到VIP室稍等。（说完引导客户走向贵宾室方向，自己迅速走向柜台）

两分钟后大堂经理走进VIP休息室。

大堂经理：您好！真是非常抱歉，今天我们库存不够。这会儿还不能为您取出这么多的现金。要不这样，今天您先少取点现金，然后再在ATM机上取一些，剩余的我马上去帮您预约，明天一早您就过来取，我在这儿等您。

话术解析

示范2中，大堂经理对客户的寒暄语表现了对客户的尊重，有利于双方顺利沟通。不管库存是否足够，员工均要告知客户库存紧张，让客户了解如果大额取款不预约，会干扰银行现金流量运营计划。该做法并不是为了为难客户，而是在引导客户意识到下次大额取款时需要提前预约。

下面介绍两种情况的处理方式：一是如果库存足够，我们必须向客户说明，大额取款需要向行领导申请调现金，但需要一些时间。二是如果现在库存确实不够，需要及时告知客户，我们马上跟其他网点联系，无论成功与否，我们一定会尽全力、热忱地帮助客户，让客户感受到我们服务的诚意。

示范3

客　　户：那不行呀，我今天必须取够30万，你们帮我想想办法吧！

大堂经理：那这样吧，我去帮您联系一下其他网点负责人，看看能不能帮您想想办法，但是这马上就要过年了，各网点资金都很紧张，不一定联系得上，但您放心，我一定尽全力帮您想办法。如果实在不行的话，就只能明天来了。

客　　户：好的，那你去帮我联系一下吧。

大堂经理：好，我这就去，您耐心等会儿，协调资金额的时间会有点长，您先在这儿休息一会儿，或是出去转转，等协调好了我给您打电话。

客　　户：不用了，我就在这里等。

大堂经理：（约半小时后，告诉客户结果）我们已经帮您联系了所有的网点，只有这几个网点能帮您取一些现金，我这就把这几个网点的详细地址和联系电话给您写下来，得麻烦您多跑几个地方了。

客　　户：哎呀，这次太感谢你们了！

大堂经理：没关系，这次能帮到您也是您自己的运气好，正好碰到其他网点有现金，一般这种几率很小的。这是我们行的预约电话（递过名片），您下次如果再取大额一定要提前一天给我们打电话，免得像这次一样，您看多悬啊！

客　　户：好的，那再见。

大堂经理：欢迎下次光临。

如果联系了所有网点都没有现金，就如实告诉客户。

大堂经理：实在抱歉，我已经帮您联系了所有网点，今天资金都调不过来，我现在马上帮您预约，明天一早您就来取，我在这里等您！

话术解析

示范3给出的解决方案包含两个要点：一是大堂经理做了客户预期管理，声明自己会努力去联系其他支行凑现金，但完全解决问题确实有难度；二是大堂经理给出了解决方案，即使客户不能马上拿到现金，但有了一个安全预期。客户看到柜员这么辛苦地帮自己解决问题，即使不能取到现金，也会从心底感激银行员工的。

服务启示

对于客户大额取款未预约的情况，最重要的是用心服务。该类服务要坚持原则性和灵活性的统一，避免两种倾向：一种是只强调服务，一味地迁就客户；另一种是只讲规章制度，对客户的利益漠不关心。银行服务对客户而言是一个体验的过程，其中一个重要的体验内容，就是他们在银行的经历和与服务者的接触和交流。因此，面对客户我们不仅要为其办理业务、提供功能服务，也要保障其愉悦的心理体验。妥善的措辞表达、积极的服务行动，是为客户营造愉悦体验氛围的重要手段。

情景 16

客户投诉银行要求办卡才能缴纳违章罚款

某日，一位客户前来缴纳汽车违章罚款，刚走进银行网点，大堂经理就非常热情地迎上去。

大堂经理：先生您好，请问您办理什么业务？

客　　户：我来缴纳汽车违章罚款。

大堂经理：好的先生，您可以用我行的银行卡在这台自助缴费机上缴纳罚款。

客　　户：我没有你们银行的卡。

大堂经理：如果这样您就缴不了了，您必须办一张我行的银行卡才能为您缴纳。

随后客户在这家银行的网点办理了银行卡，并在自助缴费机上缴纳了罚款。5分钟后，这家银行的客户服务中心接到了这位客户的投诉电话。

客服人员：先生您好，请问您怎么称呼？

客　　户：我姓王。

客服人员：王先生，请问有什么可以帮您的吗？

客　　户：我要投诉××网点的大堂经理，我去你们银行缴纳汽车违章罚款，她说我没有你们银行的卡就不能缴纳，强行向我推销了你们银行的银行卡，她这样做违反不违反你们银行的规定？

客服人员：您这个情况我们需要核实一下，麻烦您留下您的电话好吗？我们有了结果一定会第一时间联系您！

客　　户：好吧，我的电话138********。

◉ 情景分析

一、客户为什么投诉

1.前来缴纳汽车违章罚款的人，一般心情都是比较差，很可能内心充满了对警察的不满和自己被罚款的无奈，而人在情绪不好时会变得易怒、难以服务，而且这类客户容易用投诉的方式来转移自己内心积压的不满。

2.客户觉得自己被欺骗了，凭什么没有你们银行的银行卡就不能在你们银行缴纳罚款呢？

二、大堂经理做错了什么

1.服务人员应该向客户提出合理建议，而不是命令客户！如果客户有多种选择，那么我们应该给客户选择的机会，并且告诉客户哪种选择是最有利的。通过上面的对话可以看出大堂经理在与客户沟通的过程中没有把握好引导的度，在一定程度上造成了被客户投诉的结果。

2.大堂经理在沟通的过程中并没有讲清楚客户办理我行银行卡的好处，给客户留下你并不关注客户需求的印象，产生你在推销银行卡的误解。

三、客户缴纳各种代收费时，我们要注意什么

1.提高对缴纳罚款类客户的关注度，这类客户往往本身情绪就不好，稍有不慎就容易产生投诉。如果我们对这类客户提高关注度，早加防范，有效提高客户的满意度，那么投诉率自然就下降了。

2.向此类客户介绍银行卡委托代扣或引导其使用自助设备、电子渠道时，切记不要替客户做主，要充分尊重客户的选择权，让客户自行选择。

话术示范

示范 1

大堂经理：先生您好，请问您办理什么业务？

客　　户：我来缴纳汽车违章罚款。

大堂经理：好的先生，如果您有我行的银行卡，就可以在这台自助缴费机上缴纳罚款，如果您有不明白的地方，可以随时叫我，我会全力为您提供帮助！

客　　户：我没有你们银行的银行卡。

大堂经理：您需要办一张吗？

客　　户：好吧，那你给我办一张吧！

话术解析

大堂经理非常好地把握了在厅堂服务中与客户之间的“度”，把选择权交给了客户，这样客户自己选择办了银行卡自然就不会投诉了。

示范 2

我们可以把这个案例深化一下，假设客户不想办卡……

客　　户：我不办你们的银行卡，能不能在窗口缴？

大堂经理：当然可以，不过在窗口缴纳依照现在的情形您大概需要排队1小时以上，不知道您的时间是否充裕？

客　　户：哎呀，我其实挺忙的。

大堂经理：我看见您是开车过来的，且不说耽搁您一个小时的等候时间，就是把车放在外边停车场一个小时也要花费几块钱的吧？

客　　户：是呀！

大堂经理：那我还是建议您办一张银行卡，以后很多缴费的业务都不用排队了，可以直接在这台缴费机上缴纳，不仅节省了您宝贵的时间，还免去了排队的烦恼，心情也好，您说是吧？

客　　户：也是！你给我办一张吧！

话术解析

1.在沟通过程中，大堂经理非常亲切地与客户交流，当客户提出不办卡能不能在柜台办理的时候，大堂经理首先给予了肯定的答复，这样客户就没有被拒绝的感受，也为大堂经理接下来的说服工作奠定了基础。

2.影响客户最佳的方式并不是一味地主动给客户提供产品与服务，而是基于客户的利益和需求引导对方，让对方主动选择你推荐的产品。示范2中，大堂经理非常巧妙地使客户意识到如果在窗口缴费不仅排队会非常辛苦，而且车存在停车场也会收费，对比之下办卡后缴费更便利、轻松，从而让客户做出办卡的决定。

熟悉产品介绍，避免不必要的误解

情景 17

产品未到期客户提前来支取

在辽宁某银行，一位60多岁的阿姨拿着理财协议找到大堂经理。

客　　户：姑娘，我来取这个理财，说是今天到期。

大堂经理：阿姨，你这个还有3天才到期呢，今天取不了。

客　　户：明明今天到期啊，我算着日子来的。就是今天到期！

大堂经理：你这个是22号到期，今天才16号。你22号再来吧！

客　　户：（有些着急）这个当时我买的时候说是60天，这都已经60天了，怎么就没到期？我今天就要取。

大堂经理：你买的这个是第60期，不是60天，你看天数是63天。

客　　户：63天也应该是19号取啊，怎么就成了22号取了？

大堂经理：你买的时候还没到产品起息日，这个产品就是22号到期。

客　　户：你们就是蒙我这老太太，当时我要存定期，你们让我存这个，就是你们跟我说60天的，怎么就不能取了，我要用钱！

客户情绪越来越激动，声音越来越大，不再听大堂经理的任何解释。

情景分析

一、客户为什么会这样

总体来看，老年客户在理财风险承受方面比较保守，一般会选择定期存款的方式，接受新的理财方式难度大。客户因为不了解理财产品的特点，又不想再多跑一趟，与大堂经理沟通不畅而产生不满。

二、大堂经理做错了什么

大堂经理与客户沟通时存在三个失误点：第一，直接告知客户当天无法取钱，使客户感觉自身财产的安全受到威胁；第二，直接告知客户“到期再来”，意味着客户还得再跑一趟，直接损失的也许不仅仅是时间成本，而大堂经理对此毫无歉意；第三，客户是否急用这笔钱、是否当天必须支取等问题，大堂经理没有追踪，没有提供主动性服务，而是一直处于被动状态。

三、对于客户不了解情况提出的业务要求，我们要注意什么

1.大堂经理在遇到这类问题时，切记不能直接拒绝客户，当然也不能直接答应客户的要求，必须准确把握客户的心理需求后，再提供建设性建议。

2.对待老年客户我们要从关心的角度出发，尽量清楚地告知客户相关规定，请求客户理解。

话术示范

正在巡场的支行长听到客户大声和大堂经理理论时，赶快走上前。

支 行 长：阿姨，您先别着急，什么事儿都能解决，我看看您的协议。（一边看协议一边让大堂经理把这款理财的产品说明书打印一份）

大堂经理：（气冲冲地）她拿的那个协议里就有。

支 行 长：（眼神示意）你再打印一份当时阿姨购买的产品说明书。

大堂经理领会了支行长的意思开始打印当期产品说明书。

支 行 长：阿姨，您先坐下喝杯水，咱俩慢慢说。

支行长把客户引导到VIP室坐下，大堂经理把产品说明书交给支行长后便离开了。

支 行 长：（拿着产品说明书）阿姨，您是第一次购买理财产

品吧？

客　　户：是啊，我都69岁了，来一趟不容易，我家离这个地方很远的，我坐了半个小时的公交车来的，你看能不能帮我把钱取了。

支 行 长：您69岁？真不像，比我妈大9岁，看起来比我妈年轻多了。

客　　户：我妹妹就比我小好几岁，看起来也没我年轻呢，我身体很好，没事我老遛弯。

支 行 长：我妈妈跟您一样，也遛弯，多走对身体特别好。阿姨，您家离得这么远为啥不在家附近买呢？

客　　户：（神态变得乐呵呵）当时我的一个朋友说这里好，让我来这买我才来的。

支 行 长：阿姨，特别感谢您对我们的信任！您买的这款产品非常好，比定期收益高很多。因为收益高，所以理财产品和定期有些不同，您当时是在预售期（募集期）购买的产品，3天后才是产品起息日，期限是63天，正好是22号到期。我知道您来一趟不容易，您下次过来可以把这笔钱存成自动转存的定期，钱就会自动按您存的周期来转存，省去了您来回跑银行的麻烦。

客　　户：这样啊，我听朋友说理财比定期利息多，我才买的。

支 行 长：其他客户买理财的资金都是短期不用的，因为存活期利息太少了，不如买理财利息多。但是买理财有个特点，就是购买后在规定期限内资金是不能取的。不过您放心，您的资金绝对安全，这不，3天后就到期了。我们肯定连本带息一分不少地给您。您今天着急用资金吗？如果急用，我看看能不能帮上忙。

客　　户：今天不急用。那就是说我还得再跑一趟？

支 行 长：产品到期我们应该提前通知您的，大老远的让您今天白跑一趟，天气又这么热，我真心向您道个歉。

客　　户：好吧，我再来一趟吧。

支 行 长：阿姨，那您22号来就当是遛弯了，我在这上面帮您标上日期省得您忘了。

客　　户：谢谢啊……

话术解析

支行长成功解决客户纠纷包含了三个要点：

一是带客户到VIP室休息，换了一个空间来安抚客户的情绪。

二是从关怀客户着手，分散客户的情绪注意力。当支行长询问“是第一次购买理财产品”时，阿姨马上找到了可以倾诉的对象，于是开始诉说自己的不易。同时，支行长适时称赞阿姨年轻、身体棒等，有效改善了与客户沟通的氛围。

三是支行长提供了主动服务，如主动解释产品、主动提供理财建议、主动为耽误客户时间致歉等，有效提高了客户的安全感、被尊重感和被关注感。

如果老年客户主动购买理财产品，我们应将产品的利弊解释清楚，并确认客户已经完全明白。购买成功后虽然协议上有起息日、到期日等说明，建议还是要单独用笔在协议上写清起息日、到期日，因为协议书的字体比较小，且字数多，手写字体方便老年客户查找。对于该事件中69岁的老人，不建议银行向此类客户推荐理财产品，此类客户更适合定期产品。理财产品周期短老年客户对募集期、到账日等概念的理解往往很模糊，会增加客户服务的难度。

情景 18

柜员解释不明，导致客户质疑CA证书

江先生是一家外贸企业的销售经理，希望通过网上操作个人外汇买卖交易。今年4月的一天，他来到某银行网点。

柜　　员：先生您好！请问您办理什么业务？

江 先 生：我想通过网上银行来操作外汇宝交易。（说话的同时，递给柜员一张借记卡）

柜　　员：（接过卡）您这张借记卡开通网银功能了吗？

江 先 生：（想了想）卡是去年在你们这儿办的，真不记得开通过什么功能了，要不你帮我看看……

几分钟后，柜员帮助江先生很快办妥了网银功能。在江先生的道谢声中，柜员继续询问。

柜　　员：先生您好，在网上操作外汇交易宝必须得要一张CA认证盘，就是证书。

江 先 生：一定要吗？

柜　　员：是的，没有证书不能操作。请您支付认证盘的费用10元。

江先生：（往现金槽内放进10元）哦，是这样啊。你能不能告诉我怎么使用证书？

柜　　员：（递出CA认证盘）里面有说明，您照着做就行了。

在后面实际操作中，江先生发现只要登录该行网页就能进入外汇宝交易页面，而且CA证书的说明也显示使用证书是外汇宝交易的方法之一，不是必备条件。基于多年销售和销售管理的经验，江先生认为银行职员用“必须”这个概念，实施了强买强卖，这样的销售对客户而言是不负责任的。于是，第二天他向该行提出了投诉。

情景分析

一、客户为什么投诉

1.江先生明确地向银行职员表达了他的需求“通过网上银行来操作外汇宝交易”，如果只基于这个目的，完全没有必要使用CA证书。江先生的不满首先来自于银行职员对业务的不熟悉及不负责的主观判断。

2.江先生询问柜员如何使用CA证书时，得到的回答是“里面有说明，您照着做就行了”。作为一名销售经验丰富的职场人士，江先生能够感受到这句话暴露的一个事实——向他推荐这个产品的销售员对该产品的了解程度比较低，以致无法用简单的语言表达出产品的核心功能。江先生的不满从对银行职员个人的层

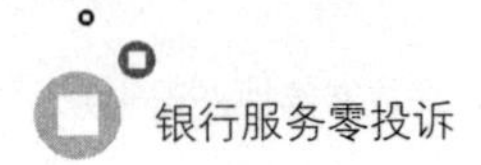

面上升到对银行产品销售前培训体系的不满。

3.当江先生登录银行网页操作外汇宝交易时，柜员那句“没有证书不能操作”会让他怀疑自己“没有使用CA证书”的行为是否正确。这样的困扰对于大多数注重逻辑的人来说，容易产生焦虑的情绪，当发现焦虑是多余的时候很容易产生愤怒感。

二、银行做错了什么

如果只从“该不该把CA证书卖给这个客户”的角度去思考，显然是片面的。不幸的是，银行管理部门往往就是这样做的。

话术示范

下面是银行对客户投诉的两个不同理解及相应的处理：

示范 1

银行认为，柜员不熟悉产品，主观地认为CA证书是不可或缺的条件引发客户的质疑，是引发投诉的核心。这是对事件表面的理解，是直观认识的产物。从听到的内容（事实和感受）里总结出客户投诉的原因。

江 先 生：我要投诉你们支行的员工，太不负责任了。

管 理 者：先生您好！请不要激动，我能帮您做点什么呢？

江 先 生：我昨天来网点办理外汇宝交易开通的业务，柜员非要我买个CA证书，还说没有那证书不能操作。其实啊，根本就不用。折腾来折腾去的，时间耽误了不少。

管 理 者：哦，是这样啊。真对不起，估计是我们的员工对证书使用的条件不够了解，如果您只需要通过网银来操作外汇宝交易，的确不需要证书。

江 先 生：就是啊，我跟她说得很清楚啊，可她坚持这个证书是必需的……

管 理 者：您看这样好不好，我们先向员工了解一下情况，然后尽快联系您，可以吗？

江 先 生：也行吧。

管 理 者：谢谢您的理解和支持……

示范 2

银行认为，客户作为银行产品和服务的体验者，其不良感受背后的积极意图是投诉的核心。这是对事件深层次的理解，是理性认识的产物，带有更多的创造性。从听到的内容（事实和感受）里分析客户表达情绪背后的积极意图，总结客户投诉的原因。

江 先 生：我要投诉你们支行的职员，太不负责任了。

管 理 者：先生您好！我能帮您点什么呢？

江 先 生：我昨天来网点办理外汇宝交易开通的业务，柜员非要我买个CA证书，还说没有那证书不能操作。其实啊，根本就不用。折腾来折腾去的，时间耽误了不少。

管 理 者：听上去真的很糟糕，我们的员工肯定有说明不足之处，请允许我代表支行向您致歉。我也请求您给我们一个建议，在员工服务过程中，哪一环节出了问题呢？

江 先 生：（沉默了几秒钟）说实话小姑娘的服务态度也挺好的，估计是对证书使用的条件还不够了解，也是为了我好，多一层保障，再说也就10元钱。我现在好像没有刚才那么气愤了。

管 理 者：谢谢您这么体谅我们的员工，您的意见对我们的工作非常重要，我会马上安排员工加强这项业务的培训，以免其他客户也遇到这样的问题。看得出您是一个善良的人，请问您从事哪个行业？

江 先 生：谢谢！很高兴与你交流。我是做外贸销售的。

管 理 者：太好了！我一直很欣赏从事销售的精英。他们给我的印象很好——执着、坚定、有原则……

接下来是一段愉快的交流。

服务启示

在该事件中，客户已明确告知银行柜员办理网上银行的目的是操作外汇交易，如果柜员是因为对银行业务知识的欠缺，主观地认为客户必须购买CA证书的话，那么应该提高业务水平。如果该柜员把外汇交易、网上银证转账或银券通业务视为不可分割的整体而进行推介的话，那么应该提高业务能力和倾听技巧等。如果是为了增收或完成任务指标而强行推销的话，那么应该反思的是银行管理者们。

情景 19

客户投诉柜面的快速营销

辽宁某银行网点，正值客流高峰期，所有柜员都在紧张地工作着。某柜员为了能快速办理业务，自行将一位中年女性客户办理定期存款的业务转为可随时支取的某款定期产品（该产品在该网点销售得非常好，大部分客户都认可并愿意办理）。当柜员将该定期产品的协议递给客户签字时，客户表示出不满。

客　　户：我不办不办，你这是什么东西，都是蒙我们老百姓的，怎么能让我随便签字，我就办定期！

柜　　员：这也是一款定期，而且您在急需用钱的时候还能随时支取……

客　　户：不办，你就给我办定期。

柜　　员：那您稍等，我马上为您办理。

客　　户：给我办什么乱七八糟的，我都等了好长时间了！我一直要求办的是定期，你们太不负责了！

柜员安静地为客户重新办理定期存款，此时大堂经理闻声带着一块肥皂赶来。

大堂经理：实在是抱歉，可能是我们没跟您讲清楚，这是我们的一点小心意，您消消气，我们会马上为您重新办理定期。

客　　户：（把肥皂扔到柜台一边）送的这是什么破玩意儿，我又不稀罕这点东西，你们就按照规章办事就行了，这破肥皂值几个钱？净拿这些小玩意儿糊弄我们。

大堂经理不敢靠前，柜员不敢吱声，客户办完定期存款后带着怨气离开银行，并在出门后拨打了投诉电话。

接 线 员：女士您好！请问有什么可以帮您的？

客　　户：你们的员工怎么能自作主张给我办个什么烂存款？还要我签协议！

接 线 员：您先消消气，请问您是办理什么业务出的问题？

客　　户：我就是办个定期，以前办定期都不用签协议，今天去办，你们的柜员也不告诉我原因就让我签协议，这么大的银行怎么能随便让客户签协议呢？你们的员工都是这样办事的吗？这不是骗人吗？

接 线 员：给您带来烦恼实在是抱歉，我会及时向该行核实情况。请问您是在哪个支行办理的业务？麻烦您留下联系方式，我们核实清楚后给您答复。

情景分析

一、客户为什么投诉

1.柜员办理业务前未能向客户介绍该产品的优势以及能给客

户带来的便利，在未获得客户同意的情况下，直接办理业务，导致客户误解银行在欺骗客户。

2.客户直接被要求在协议书上签字，感觉被强行办理了该笔业务。

3.该客户一直使用定期存款的方式来理财，对其他的理财方式并不了解，而且防范意识非常强，不轻易接受其他业务，理财类型属于保守型。这类客户需要较长的时间才能转变理财观念，柜员简单粗暴的业务办理方式会让客户产生不安全感。

二、柜员和大堂经理做错了什么

1.柜员为了节省时间，考虑到该笔定期理财确实对客户更有利，自认为客户会接受该笔定期理财，便没有进行必要的沟通。

2.客户明确表示反对并产生质疑时，柜员没有道歉，而是向客户解释这款定期产品的优点，试图说服客户同意办理该笔业务，导致客户的对立情绪更加激烈。

3.大堂经理拿出一个小礼物让客户消气，以为能够缓解客户的情绪，结果反而激怒了客户，让客户更加相信该业务存在欺诈行为。

4.在客户办完业务后服务人员没能及时上前进行安抚。

三、向客户推荐适合的优质产品时，我们要注意什么

1.提前告知客户产品的利弊，并确认客户已经清楚该产品的相关规定，任何时候都不能自作主张为客户办理客户并不了解的业务。即使客户当时没有投诉，以后客户一旦后悔了还是会将责任推给银行。我们应提前做好投诉预防工作，尽量避免这类投诉

发生。

2.如果客户已经明确表示不愿意办理，柜员就不要再次解释说明，应该按照客户的要求直接办理相关业务。客户情绪激动时一味地推荐客户不熟悉的产品，即使产品再好，客户也听不进去，甚至会怀疑银行的企图。

3.送礼品并不是解决问题的利器，应该根据情况采取灵活的解决方法。对已经产生怀疑的客户，送礼反而会使客户更加确信该产品的欺骗性。另外不建议经常用送礼物的方式解决客户的异议，时间长了，会导致个别客户故意找茬，为网点增加不必要的麻烦。

4.客户办完业务离开时，大堂经理应递上名片以示歉意，让客户安心，即使有问题也能找到负责人。

5.如果柜员愿意，在客户一直嘟囔表示不满时，柜员可以边办理业务边不停地笑着道歉，当作是对客户异议的一种回应。道歉次数多了，客户也会觉得自己太过苛刻，气也就慢慢消了。

话术示范

示范 1

柜　　员：您好，请问您办理什么业务？

客　　户：我存定期，两年的。

柜　　员：您存多少？

客　　户：5万。

柜　　员：您一直都是存定期么？

客　　户：是啊！

柜　　员：您这么多钱存定期期间如果急需用钱，提前支取的话可就白存了，只能按活期支取利息了！

客　　户：我知道，应该不会用的。

柜　　员：我们银行现在正好有一项定期业务，既可以根据您的需求支取，又不会损失太多利息，同样给您存上两年，如果您到期取的话也是按照定期利息给您支付的。如果提前支取是按照……这个业务很方便，万一您要是急需用钱，损失也会减少，两年的事情谁都说不好，您看怎么样？

客　　户：哦，这样啊，那我要是提前一年支取呢？

柜　　员：提前一年按……

客　　户：哦，这样更方便了啊！

柜　　员：是啊，我这就给您办，这个需要您看一下。如果没问题的话，在右下角空白处签字就行了。

客　　户：好的。

话术解析

柜员用“急需用钱”“白存了”“提前支取”“不损失利息”“方便”等敏感字眼提醒客户可以转换存款观念，用另一种方式进行理财。同时用询问的口吻征求客户的同意，这样既给了客户自主选择权，又得到了客户的支持。在客户认可“更方便”后，柜员又主动出示相关协议，得到客户的最后认可，才办理该笔业务，客户也非常满意。

示范 2

客　　户：我还是办定期，我一直都办的定期。

柜　　员：这个也是定期存款，而且方便客户……

客　　户：以后再说吧，你还是给我办定期吧！

柜　　员：大多数客户都会选择这项业务，因为对客户而言是更方便了，还是按照国家的规定支付利息，您没有任何损失的。两年的定期一旦有急用，按活期支取的话利息就损失了，您存定期就是想让钱生钱不是？

客　　户：真的跟定期一样？

柜　　员：是的，很方便，您看一下这个单子，没问题的话在下面签个字就行。

客　　户：好的。

话术解析

柜员在推荐新产品时，客户一般都会有些疑虑，不会认真听，因此需要柜员重复对产品的介绍，使客户能够明白该产品确实符合自己的需求，这样客户才会真正愿意办理该产品。

示范 3

客　　户：不办，我就存定期。

柜　　员：您可以先了解一下……

客　　户：不办不办，赶紧给我存定期。

柜　　员：好的，您稍等，您是存5万两年的定期对吗？

客　　户：对。

柜　　员：您的业务办完了，这是我刚才给您介绍的产品的资料，您先了解一下，如果想办理，我可以帮您重新转存。

客　　户：好的，谢谢您！

柜　　员：您慢走！

话术解析

当客户明确表示不愿意办理时，柜员应及时按照客户的要求快速办理完成，随后可以将产品资料推荐给客户。

面对客户不合理的要求，多元化应对处理

从解决问题的角度出发，不直接拒绝客户

情景 20
客户提出特殊要求，影响了其他客户

一天，一位女客户手持佛珠口中念念叨叨进入网点，取号后排队等候。因为这位客户举止异于常人，而且一直在自言自语，大堂其他客户开始惶恐，年轻的大堂经理和客户经理心里也开始打鼓，厅堂氛围变得紧张起来。这位客户在网点内转了两圈后，突然说室内空气不好，要求打开所有门窗。

客　　户：（在营业厅转了两圈，突然指着后门说）你们这空气太差了，把窗户和门都打开吧。

大堂经理和客户经理互相推了推身体，最后大堂经理硬着头皮走上前。

大堂经理：您好！您办理什么业务？

客　　户：空气不好，赶紧打开窗户和门。

大堂经理：抱歉，女士，这个门正对着大门，空气对流的话，风会进来，大厅就会有点冷，您看大厅里有这么多客户呢。

客　　户：空气不好，赶紧打开门，否则我找你们领导。

大堂经理：好吧，那我开一会儿，这样可以了吧。

大堂经理打开后门后，冷风吹了进来，不一会儿，其他客户开始抱怨。

情景分析

一、银行应关注哪些特殊客户

特殊客户包含两大类：第一类是需要银行特别关爱的人群，譬如老人、孕妇、儿童、病人、残障人士、有紧急需求等客户。第二类是需要银行特别关注和提供灵活服务的人群，譬如行为古怪、精神障碍、有传染疾病等客户。上文提到的客户属于第二类客户。

对于第一类客户，多数银行准备了关爱服务设施，有规范的服务流程和单独设立的服务窗口，方便该类客户办理业务，提高服务效率和改善服务体验。

对于第二类客户，在事件处于观察阶段，尚未上升为突发事件之前，为了不干扰营业厅正常服务秩序，影响其他客户的服务体验，应该尽量安排单独的快速服务，避免事件升级。

二、大堂经理做错了什么

1.大堂经理遇到特殊服务情况时畏惧、不敢上前，缺乏处理问题的自信心，没能履行大厅服务管理的职责。

2.当客户提出特殊要求后，大堂经理拒绝不开后门的理由充分，但表达方式欠妥，也没有提出更合理的处理方式。

3.从处理结果来看，大堂经理只重视了个体问题，影响了更多客户的服务体验。厅堂服务管理，应以大众客户服务为主，同时灵活地为特殊客户提供个性化的服务。

三、服务特殊客户时，我们应该怎么做

1.服务客户、解决异议是大堂经理的职责，解决特殊客户的服务要求大堂经理责无旁贷。面对特殊的服务情况，大堂经理需要勇敢上前，提供主动服务。

2.迅速识别特殊客户，提供及时、适合的服务，并快速完成，将特殊客户对营业厅正常秩序的影响降到最低。

3.特殊客户反映的问题，往往有自己的出发点和考虑问题的角度，服务人员面对问题应先追根溯源，再寻求合适的解决方案。

◉ 话术示范

大堂经理：女士，您好！有什么能帮您的吗？

客　　户：（在营业厅转了两圈，突然指着后门说）你们这空气太差了，把窗户和门都打开吧。

大堂经理：抱歉，空气质量让您感觉不好了。我想再了解一下，您是觉得空气有味道？还是温度高？您觉得胸闷还是头晕？

客　　户：反正不舒服，闷。

大堂经理：您确定是空气让您感觉闷？还是您身体的胸口闷？

客　　户：空气闷。

大堂经理：哦，我理解了。今天客户比较多，空气质量是不太好，每当大厅里人多的时候我们也感觉不舒服，让您也感觉不舒服了，真是非常抱歉。这个门正对着大门，空气对流的话，风会进来，大厅就会有点冷，您看大厅里有这么多客户呢，大家容易感冒。楼上是贵宾室，人少点，空气也好点，我带您到楼上办理吧，您也顺便参观一下，给我们提点宝贵意见。请随我这边上楼……

话术解析

示范给出的解决方案包含了三个要点：

第一，大堂经理主动担当，不惧特殊情况，不惧特殊客户；

第二，大堂经理主动了解问题的原因，分析合适的解决方案；

第三，特殊客户会影响其他客户的感受，因此大堂经理引导其离开公众服务区，缓解厅堂紧张的服务氛围。

服务启示

如果客户提出的要求很难满足，那么服务人员拒绝客户时，要有合理的解释，设法让对方明白你的处境，从而谅解你。同时拒绝客户后，要从其他角度提出一些补救的办法，以表明我们拒绝的是事不是人。大堂经理要运用感同身受的语言，让客户找到被认同的感觉，加上委婉的拒绝理由和合理的解决方案，从而化解可能发生的投诉。

大堂经理是银行营业厅内负责处理投诉的第一人，对于特殊情况，大堂经理必须迅速受理，尽快控制影响范围。

情景21

客户回单丢失，要求银行赔偿

一位来自大公司的客户来网点找回单，反复强调网点没有给她，但是柜员翻阅记录显示回单前几日已经被该客户领走了。几次交涉下来，客户情绪越来越激动。柜员坚信不是银行和自己的错误，但已经无法与发怒的客户沟通，求助客户经理和网点主任后，问题还是无法解决。这个时候大堂经理外出回到网点，大家仿佛看到了救星。果然20分钟后，客户沉默地离开了银行。后经确认，是客户自己取回回单后，忘记放在哪儿了。

客　　户：（跷着二郎腿，在柜台前指着柜员鼻子大声地喊着）你们弄丢了，我没拿。

柜　　员：记录显示，的确是您取走了。

客　　户：我没拿！

柜　　员：可是这有记录啊……

柜员与客户僵持着，旁边的客户经理见状迅速走了过来。

客户经理：大姐，您喝杯水，消消气！这个小姑娘没能给您提供满意的服务，让您生气了。（此时客户的情绪稍微缓和些）可是，记录显示的确是您取走了……

客　　户：我再说一遍——我没拿，你们银行看着办吧！

客户情绪越来越激动，随即现场拨打了总行投诉电话。先后被客户经理和网点主任分别邀请至客户经理室和行长室进行协商，然而客户一直沉默，认定是银行的责任，反复要求银行给予赔偿。

情景分析

一、客户为什么要投诉

1.客户坚信是银行弄丢了回单，自己没有过错，因此认为银行作为服务提供方，必然是承担事件责任的第一人。

2.客户认为银行有推诿行为。柜员坚持不是自己的过错，理财经理也强调不是柜员的责任，这样就间接证明是客户的责任。没有人愿意被认为是无理取闹，因此客户的情绪越发激动，造成事态激化。

二、柜员和客户经理做错了什么

1.柜员和客户经理先后强调是客户取走了回单，认为是客户搞错了。这种做法相当于直接拒绝了客户，损害了客户的自尊心。

2.客户经理安抚客户的语言技巧需要提升。客户经理劝解时，前半部分语言缓解了客户的愤怒情绪，但后半部分语言又激化了客户情绪。

3.柜员在服务过程中，缺少安抚语言，也没有提出建设性的解决方案，而是一直在和客户纠结责任问题。

三、对于客户粗心遗忘的情况，应该怎么做

1.服务人员首先要让客户的情绪平复下来。客户来投诉银行弄丢了回单，就是因为客户认定发生了这件事。如果投诉处理人直接否认，会给客户留下不负责任甚至推脱责任的印象，客户的对抗情绪必然会升级。即使确实是客户的责任，但客户作为损失的一方，在损失的干扰下，也很难保持理智。

2.从解决问题的角度出发，协助客户理清思路。对已经发生的问题，争执是谁的责任是无意义的，最重要的是如何解决问题。

◉ 话术示范

客户先后在柜台、理财经理室、支行长室待了两个多小时，经过多人劝解，客户仍坚持银行必须赔偿回单。此时，大堂经理外出办事回来了，他仔细询问了柜员，了解了情况后便来接待这位客户。

大堂经理：女士，我是这的大堂经理，请随我来，这事我肯定能帮您解决了。

客　　户：我单子丢了，你怎么赔？你们弄丢的，还不承认。

大堂经理：女士，先喝杯水。刚才听同事说您来了两个多小时了，像您这样有地位的人，时间非常宝贵，再不帮您解决，您的损失就更大了。您现在如果接受我们银行的道歉，我们可以一起解决问题，虽然之前可能有点不愉快，但至少不会再让您损失时间。如果您继续陈述您的不满，我肯定认真倾听并且记录，因为这是我的工作，可是您浪费了更宝贵的时间不是吗？

客　　户：那你解决啊，赔我啊。

大堂经理：这事，很简单就能解决的。就看您敢不敢跟我打个赌？

客　　户：打什么赌？

大堂经理：您现在，出门，右转，开车回家找一找，我们也在网点找一找。如果我们在网点里找到回单，我请您吃饭，我自己掏钱请您吃饭！咱这儿最好的饭店，您随便挑。我在这儿工作十几年了，我和银行都跑不了，说话肯定算数。不过，如果您在家里找到回单，您得请我吃饭啊！

客　　户：我不是信不过你们银行，找不到这个单子我确实着急啊……

大堂经理：我们再这样下去只会浪费时间，不如咱们分头行动，都找一找，如果实在找不到，明天咱们再想办法……毕竟这张单子，我们银行一时半会也补不出来。您看这样行吗？

客　　户：好吧，现在确实也没更好的办法了。

事后这位客户再也没回银行找这张单子。

话术解析

示范给出的解决方案包含了三个要点：

第一，大堂经理解决客户疑问时，通过有效的情绪安抚，巧妙地避开了对客户和银行的过错认定，把精力集中在问题的解决上；

第二，大堂经理运用了同理心技巧，站在客户的角度，考虑如何帮客户降低时间损失，分析最佳解决方案；

第三，大堂经理用承诺和自信的语言，获得了客户的信任和认可。

客户希望服务者文雅有礼、举止谈吐得体，更希望尽快地解决问题。因此最好的服务就是随机应变为客户解决问题。服务人员要把客户的问题当成自己的问题，解决它而不是回避它。为客户服务的最终目的是满足客户的需要，消除客户的担忧。

◉ 服务启示

不同的客户，性格、身份、爱好各不相同，除了基本的服务用语之外，没有固定的服务用语可以包治百病。无论在哪个行业，凡是能够为客户提供优质服务的员工往往都是“见人说人话，见鬼说鬼话”。这个说法在这里没有贬义，而是为了强调服务人员在提供服务时，要考虑客户的个性，有针对性地与客户沟通。特别是在处理一些突发的纠纷时，服务人员不能慢条斯理地去营造氛围，此时最好的切入点就是从客户的情感出发，善用同理心，理解客户，引导客户一起解决问题。

情景 22

正常营业前客户在门外咨询业务

某日上午8点半多，北京某银行网点还没有开始营业，一位客户焦急地在营业厅外踱来踱去，不时地向厅内探望，看手表看了好多遍。约10分钟后，客户终于按捺不住向厅内的保安喊话。

客　　户：您好！我有急事想咨询一下。

保　　安：（没搭理客户，在里面跷着二郎腿大声喊道）还没开门，得等到9点！

客　　户：我真的有急事，就想问问某个业务能不能处理，麻烦您帮忙找一下里面的员工好吗？

保　　安：等着吧，9点才开始上班。

客　　户：我不办理业务，就是想问问这个网点能不能办某个业务，就是一分钟的事，问咱们这儿的任何一个员工都行。我9点要参加一个会议，9点再问肯定来不及了。我也知道咱们还没开始办理业务，就想咨询一下，麻烦您帮帮忙吧！

保　　安：不行，9点。

银行员工正在大堂开晨会，晨会的主持人似乎看到保安和客户在对话，但没有理会，后来几位员工也看到了，也没在意，继续开晨会。

客　　户：我看到咱们在开晨会呢，有人看到咱们对话了，麻烦您帮忙跟她们任何一位说一声就行，我只是问一个问题。

保　　安：你都看到了她们没搭理你，你还问啥啊？等9点！

客　　户：我要投诉，你们这是什么态度啊，你们太不负责任了！

情景分析

一、客户为什么投诉

1.客户的情况很着急，但是自始至终都没有得到一点儿安慰。

2.客户不满银行服务人员对自己的漠视。

二、保安和银行员工做错了什么

1.保安作为驻点人员，其言行举止是银行服务形象的重要组成部分。保安在服务过程中，态度冷漠，语气强硬，银行服务精神毫无体现。

2.银行员工已经发现了客户与保安的对话，但由于还没到网点的营业时间就没有上前提供服务。从常规角度来看，银行员工似乎没有做错什么，但从现实角度来看，客户只是需要一个简单的回答，银行这样死守规定，反而是服务精神缺失的表现。

三、对于非营业时间有特殊服务需求的客户，我们要注意什么

1.灵活应对，既然是特殊需求，我们应该特殊对待。服务的目的是解决问题，要灵活地解决问题，而不是死守规定。

2.礼貌待客。无论是银行员工还是驻点服务人员，一旦遇到客户咨询，都应给予礼貌的回应，即使需求是不合理的，沟通时礼貌也是必须的。

话术示范

示范 1

客　　户：您好！我有急事想咨询一下。

保　　安：您好！非常抱歉，我们9点才开始正式营业，麻烦您稍等一下。

客　　户：我真的有急事，只想问一下某个业务能不能处理，麻烦您帮忙找一下里面的员工好吗？

保　　安：您要问什么，我看帮您找哪位同事合适。

客　　户：我想问问对公账户存款在自助机能不能办理。

保　　安：您稍等，我帮您问问对公柜员。

话术解析

示范1给出的解决方案包含了三个要点：

第一，保安礼貌待客。如果服务人员面带微笑、和蔼可亲，客户原有的紧张或焦虑的情绪，很快就能得到缓解；客户会感觉

自己被理解、被重视、被尊重，从而在心理上认同网点的服务。

第二，保安主动询问需求。虽然还没开始营业，发现客户后仍需主动提供服务。

第三，保安立刻行动，很快解决问题。

示范1解决问题的关键点是保安的服务意识和服务态度。无论哪家银行，由保安服务引起的投诉时常发生。一些原本是保安举手之劳的事情，保安提供的服务结果却屡屡让客户失望。保安作为银行服务人员的重要组成部分，应该塑造服务理念，提升职业素养，这是保安工作的基本要求，银行应给予高度重视。

示范 2

保　　安：（没搭理客户，在大堂经理台跷着二郎腿大声喊道）还没开门，得等到9点！

客　　户：我真的有急事，就想问问某个业务能不能处理，麻烦您帮忙找一下里面的员工好吗？

保　　安：等着吧，9点才开始上班。

客　　户：我不办理业务，就是想问问这个网点能不能办某个业务，就是一分钟的事，问咱们这儿的任何一个员工都行。我9点要参加一个会议，9点再问肯定来不及了。我也知道咱们还没开始办理业务，就想咨询一下，麻烦您帮帮忙吧！

保　　安：不行，9点。

银行员工正在大堂开晨会，晨会的主持人似乎看到保安和客户在对话，主持人指示一位银行员工过来询问。

银行员工：您好！请问您有什么事情？

客　　户：我就是想问问对公账户存款在自助机能不能办理。

银行员工：请问您带公司银行卡了吗？

客　　户：没带卡，只有账号。

银行员工：……（给出解决方案）

话术解析

示范2解决问题的关键点是银行员工服务的主动性。解决方案包含两个要点：一是银行员工注意到了客户的特殊需求，并给予关注；二是及时与客户沟通并给出解决方案，即使在非营业时段，也应主动方便客户。

服务启示

银行网点的一线服务人员往往会遇到条条框框的制度和规定，这些规定有时与客户的需求是相冲突的。近些年，各行都纷纷主张以客户体验为中心的服务价值观，但是在实际业务操作中客户和原则冲突时，多数时候银行都选择了维持原则和内控，致使客户的服务体验度不良，投诉事件增多。

如何在坚持原则的同时使客户的需求得到满足，又如何在为客户提供特殊化服务的同时坚持我们的原则，这是目前困扰很多服务人员的一个难题。譬如营业时间未到，遇到大雨、风雪、寒冷、炎热等天气情况，银行网点是否可以提前打开营业厅的大门呢？答案是肯定的。很多支行也从方便客户的角度出发，践行着提早开门的做法，然而如果大堂服务分流引导不充分的话，就会出现秩序混乱的状况，不能保障客户的人身和财产安全。做到火中取栗并不难，但做到火中取栗不伤手却需要经验和技巧，因此服务管理要张弛有度、因地制宜。

在不违反规定的情况下，尽可能为客户多做一点

情景23

客户投诉银行处理问题不及时

营业结束前两分钟，一位女士走进大厅坐在等候区，既不办理业务，也不离开。

大堂经理：女士，请问您办理什么业务？

客　　户：我在这儿坐会儿。

大堂经理：不好意思，5点我们就结束营业了，如果您不办业务，能先离开吗？我们同事都准备下班了。

客　　户：好的，我再坐会儿。

期间保安几次提示和劝解，客户仍旧坐着，只回答“我再坐会儿”。20分钟后，客户打电话投诉，保安找来大堂经理。

大堂经理：女士，您好！您有什么问题？我帮您解决。

客　　户：你解决不了，得找你们领导。

大堂经理：您说说看，我会尽力的。

客　　户：你解决不了，让你们领导来吧。

大堂经理无奈之下请来网点主任。

网点主任：女士，您好！请问您需要协助吗？

客　　户：我要投诉！你们银行网点的空调声音特别大，老太太每天睡不好。我今天特意来让银行的人感受一下被打扰的感觉。老太太已经来网点跟大堂经理反映问题两次了，一直没人解决。

情景分析

一、客户为什么投诉

1.客户的家人两次来银行反映问题都未得到解决。

2.客户已经做好了投诉准备。客户在大厅坐了半个小时才正式打电话投诉，说明这位女士给银行预留了处理时间，但大堂经理没有及时处理好客户的异议，最终导致投诉发生。

二、大堂经理做错了什么

1.大堂经理工作不够尽职。营业结束后，客户的表现明显地有别于正常客户，大堂经理没能及时发现问题并进行处理。

2.大堂经理解决问题的速度待提升。客户反映老太太来银行两次都没人给处理，加上这次事件的不及时处理，都说明了大堂经理处理客户问题的反应和速度较慢。

3.大堂经理解决问题的技能待提升。这位女士在营业厅等了半个小时，不满情绪不断积累直至要求见网点主任时已经怒不可遏，此时大堂经理没有任何安抚客户情绪的具体措施，甚至没有递上一杯水。

三、对于以极端行为方式发泄不满情绪的客户，我们要注意什么

造成客户以极端行为方式发泄不满情绪的主要原因是情绪激化。每个人在情绪激化的时候都很难理智地处理事情。当客户处于极端情绪时，安抚情绪是首先需要做的。此时，客户往往很敌视银行，要想办法让客户卸掉对银行的敌视和防卫情绪才能与客户顺利沟通并处理问题。

大堂经理要修炼一双能发现问题的“火眼金睛”，时刻关注营业厅的客户状态，及时发现潜在的投诉隐患并消除。

话术示范

示范 1

大堂经理：女士，您好！我们已经结束营业了，请问我还能帮您做点儿什么？

客　　户：我在这儿坐会儿！

大堂经理：女士，我留意到您已经坐了好一会儿了，我猜您肯定有什么事情吧？我能做什么，您就告诉我，我会尽力帮助您的。

客　　户：我再坐会儿！（客户明显带情绪了，大堂经理迅

速进入特殊情况处理程序）

大堂经理：女士，我帮您倒了杯温水！请相信我，我虽然只是个普通员工，但我会尽心尽力帮助您解决问题的。

客　　户：我再坐会儿！

大堂经理：我可能哪些地方做得不周到，没能为您提供满意的服务，我去找我们主任，看她能不能解决您的疑问！请稍等。

网点主任：您好！我是这儿的主任，您有什么事情我可以帮您解决。

女士反映问题后，网点主任承诺一周内解决问题，并且批评了大堂经理，客户离去。

话术解析

在处理客户投诉时，领导层适时介入也是与客户顺利沟通的一大技巧。从心理需求上讲，客户迫切希望银行能够重视他们的抱怨。而大多数情况下，处理客户问题的是一线员工，这样，即使问题最终得到解决，部分客户仍然会在心理上感到不满足。虽然部分投诉客户也许并没有见领导层的期望，但是，一旦领导层介入，投诉客户会很快消除抵触情绪，减少抱怨。

示范 2

大堂经理：我可能哪些地方做得不周到，没能为您提供满意的服务，我去找我们主任，看她能不能解决您的疑问！请稍等。

大堂经理转身离开了一会儿，然后又回来。

大堂经理：对不起，女士，我去找了一圈，我们主任出去见客户还没回来。（边说边观察客户的表情，如果客户情绪依然不好，大堂经理不妨顺势坐到椅子上）女士，让您见笑了。我真的实在太累了。走了一天，估计有几十公里的路程了，脚和腿都僵硬了，我的同事和我差不多。别看我们外表挺光鲜，其实特别累。坐一天或站一天，我们都快生根了。女士要不您先跟我说说，我一定在第一时间亲自向领导汇报。

客　　户：其实……

话术解析

示范2给出的解决方案包含了三个要点：

第一，大堂经理要迅速发现异常客户，并给予关注，提供关怀服务；

第二，表明服务态度，尽力提供帮助；

第三，转移客户注意力，获得客户同情，使客户卸下防御心理。

银行服务人员面对的客户各种各样，需求不一，脾气各异，因此不可能做到完美服务，有时候很难避免投诉的发生。客户投诉时，不论谁有理，员工一定要热情接待，处事沉着冷静，不要争辩对错，先化解客户的怨气，再弄清真相，以解决问题为最终目的，尽量让客户满意。一个讲道理的客户在不满的时候可能会变得不讲道理，通常发泄情绪并得到了尊重之后，他会恢复理智，能够冷静地处理问题。

服务启示

银行虽然很重视客户的投诉，但在具体的工作中，往往会漏掉一个重要的环节——诉后服务。诉后处理不及时往往会引起重复投诉。诉后服务不仅不能省略，还要及时处理。完整地了解了投诉事件的经过，核实了投诉的真实性，基本上确定了投诉处理结果后，应该及时地反馈给客户，让客户感觉到银行很重视他的投诉，进而减少重复投诉的发生。

情景 24

客户在网点丢失物品，要求银行赔偿

客户来网点办理业务，将自行车放在网点停车处后丢失，要求银行给予赔偿。

客　　户：（气冲冲地找到大堂经理）我办完业务出去发现我停在你们银行门口的自行车不见了！这可是我刚买的自行车啊！

大堂经理：（呼唤保安）请陪客户找一找自行车！

保安陪同客户一起来到门口停车处，找了一会儿还是没有找着。

客　　户：找不着，你们银行得赔我自行车，这车我是刚买的，才骑了两次。

保　　安：怎么能让我们赔，肯定是你自己没有锁车。

客　　户：怎么说话呢，什么叫没锁车，我明明锁了！你们银行不是有保安吗？这保安干吗吃的，连个车都看不住，当然就

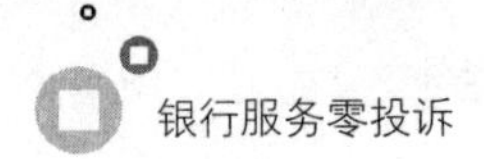

得让你们赔。我是来你们银行办理业务的，并且我的自行车就停在这指定的自行车停放处，你们不赔谁赔？

保　　安：我们肯定不能赔，车子丢了就报警吧，我们以前都是这样的。

客　　户：啊？你们以前也有客户丢车辆，那怎么没人提醒我们这里有小偷，并且加强防范。（边抱怨边拿起电话报警）

随后110警员来到现场勘察并备案。当110警员离开现场后，客户再次指责银行管理混乱，明知以前有车辆丢失过却不在停车的地方贴上谨防小偷的提示，坚持让银行赔偿车辆，如果不赔就不走，还得向媒体投诉，向总行投诉。随后客户便坐在银行门前的台阶上不肯离开，此时围观的人越来越多，不停地有其他客户在旁边附和说该由银行赔偿。

情景分析

一、客户为什么投诉

1.银行保安说“怎么能让我们赔，肯定是你自己没有锁车”，这句话是激怒客户的导火索。当客户在银行门前丢失了车辆时，内心是焦急和烦躁的，而此时，银行工作人员却将所有责任推给了客户，无疑是火上浇油。

2.保安又说“我们肯定不能赔，车子丢了就报警吧，我们以前都是这样的”让客户发现银行在现场管理上的不到位。客户必然会质疑银行，既然丢失车辆的事件曾经发生过，为何你们银行不提示客户呢？

二、银行方面做错了什么

1.大堂经理应该及时地将客户与人群分开，以防事态扩大化。对于发生突发事件并情绪激动的客户，大堂经理应该引导客户到一个相对私人的空间里去安抚客户，对客户进行心理与情绪上的疏导。

2.大堂经理与保安的分工不明确，当出现相关纠纷时，应该是由大堂经理与客户进行交流，而不是保安人员。

三、如果客户在网点（内）外遗失贵重物品，我们应该怎么做

1.加强大堂经理现场管理与处理应急事件能力的培训，提升沟通技巧。大堂经理首先应对客户在本网点遗失物品表示同情，听客户描述完详细情况后，立即组织查找核实。

2.网点外的车辆停车处，银行应做好区域的划分，一要保证门前进出口通道处的畅通，二在停车区域设置谨防车辆丢失的温馨提示。保安要尽职尽责，不仅维护好停车秩序，还要勤巡场防止丢失现象发生。

3.对于网点内的现场管理，各岗位服务流程结束后，员工应及时提醒客户携带随身物品。大堂经理和保安及时巡场，发现遗失物品后及时登记并安全保管。

4.提升银行保安人员的综合素质，特别是沟通应急能力。目前银行均是以外包用工的形式聘用保安人员，人员素质参差不齐，保安人员的安保培训与综合素质培训是银行不容忽视的一个人力资源管理方面的细节问题。

话术示范

示范 1

客　　户：（气冲冲地找到大堂经理）我刚办完业务出去发现停在你们银行门口的自行车咋就不见了！这可是我刚买的自行车啊！

大堂经理：您先不要着急，请问您是一辆什么型号，什么颜色的自行车？

客　　户：捷安特山地自行车，刚买的，还没骑过几次。

大堂经理：那我陪您一块儿去找找。（叫上保安人员随行）

大家一起在停车处，找了一会儿没有找着。

客　　户：找不着，你们银行得赔我自行车，我刚买的，1000多元呢！

大堂经理：这样，车丢了，咱们先报警，让警察协助咱们一起帮您找回车。

客　　户：（扭头与保安进行对话）你是保安吧！咋连个车都看不住！

大堂经理：先生，今天银行的人比较多，保安大哥刚才正好在大厅的自助区巡视安全，以保证大家的资金安全。

客　　户：今天真倒霉！

客户拿起电话报警，110警员做好笔录后离开。大堂经理邀请客户去贵宾室休息，喝点水，安抚一下客户，然后送其离开。

话术解析

示范 1 中，大堂经理很巧妙地规避了银行保安人员的责任，告诉客户今天人多，为了保护大家的资金安全，保安人员正好在里面的自助区巡视。

示范 2

如果客户情绪激动，硬要较真，非要银行赔偿，那服务人员该用什么样的语言去应对呢?

客　　户：这车是在你们银行门口丢的，你们银行得赔吧？！

大堂经理：大哥，您的心情我非常理解，这事搁在谁头上谁都会心疼的，况且还是辆刚买的捷安特山地自行车。一看您就是爱好锻炼身体的，生气伤肝，伤到了身体实在不划算，您说是不是？我也是对小偷恨之入骨，现在治安不太好，到处都有小偷，前两天我去商场买东西的时候，钱包就不翼而飞了。我妈上周去医院看个病，手机就被偷了。小偷真是无孔不入，咱们没办法只能自认破财免灾了。

客　　户：是呀，是呀，这年头就是小偷多，要是警察能把他们都抓起来就好了。

大堂经理：可不嘛！咱们去里面坐坐，您也消消火。（随后带领客户去VIP室，给客户沏杯茶）前段时间我们行做活动，剩下了这个赠品，我们同事都说挺好用的，要不您带回去用用看？

客　　户：丢了价值1000多元的自行车就换这破玩意儿，算了，不要白不要！（随手就拿起赠品，准备离开）

大堂经理：（起身陪同客户并一路安抚）您下次来一定要小心，把车锁好，贵重物品千万别离身。您慢走，千万别生气啊，有时间再来我们银行。

客　　户：好的，好的。（挥手告别）

话术解析

在整个沟通过程中，大堂经理主动规避银行责任，并举例说明现在社会治安不好，引导客户改变追究责任的思路。

大堂经理在谈话中运用同理心的方法，将痛苦扩大到自己身上，与客户产生思想上的共鸣，而痛苦共鸣可以很大程度地减少受害者心理上的疼痛。

所谓“吃人嘴软，拿人手短”，用小小的赠品去安抚客户，虽然不一定管用，但对大部分客户还是有一定效果的。

投诉一旦升级，运用法律知识来应对

情景25

客户未及时收到信用卡电子账单和短信通知，要求银行赔偿损失

客户李某使用某行信用卡已经3年多了，每个月在收到银行信用卡电子账单和短信通知后都能及时还款，但2014年的6月出现了例外。25日是当月账单最迟还款日，但下午仍没有账单和短信通知。客户张某恰巧路过银行网点，便咨询了当班的大堂经理，大堂经理协助客户拨打了信用卡中心服务电话，客服人员表示24小时内重新发送电子账单，但因客户张某邮箱设置原因电子账单被列入垃圾邮件，客户没有及时发现。由于客户张某工作非常忙，平时完全依赖电子账单和短信通知，直到29日张某才记起信用卡还款事宜并再次致电客服询问后才得知已逾期4天。虽然询问后张某第一时间便将欠款还上，但仍因逾期4天产生滞

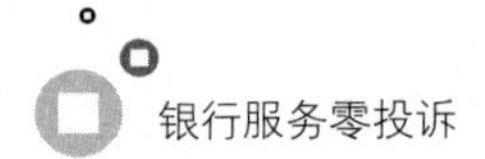

纳金和利息共计300多元。客户认为25日当天协助其拨打信用卡中心服务电话的大堂经理，没有提供充分服务——只协助申请了重发电子账单，没有及时申请发送短信通知，要求大堂经理给予赔偿。

客　　户：这事都怪你，当天你只帮我申请了重发账单，没有申请重新发送短信通知。

大堂经理：先生，对不起，我理解您的心情。首先，我已经尽力了，25日当天我已经协助您申请了重新寄送账单，后面是信用卡中心处理的工作了，发送邮件和短信都是电子银行部的事情，我真的帮不上忙。另外，由于您个人的原因，电子邮件被列为垃圾邮件，所以您没能及时看到。

客　　户：我不管是你们哪个部门处理，你们都是同一家银行的吧？既然是同一家银行，你们内部分工跟我无关，我的损失才跟我有关。我确实没有及时还款，但这是因为你们没有尽到还款提示义务。如果您邮件也发了，短信也发了，我不可能看不到，也不至于产生利息吧？所以这个责任咱们至少得各摊一半。我的信用记录怎么办？你们怎么赔偿？

大堂经理：先生，我理解您现在的心情。要不这样，我们再打电话给客服中心，听听他们的解释和处理方案好吗？

大堂经理协助客户再次致电信用卡客服中心，被告知责任在客户李某自己，银行不会承担任何责任。客户对信用卡客服中心的答复不满，与大堂经理的协商无法达成一致，长时间纠结在厅堂不走，影响了银行的正常营业秩序。

支行负责人与分行服务主管领导协商之后，同意并支持客户向有关部门投诉，以获得更好的解决方案。于是建议并协助客户拨打了12363进行咨询，客户才停止在厅堂吵闹，同意由人民银行协商解决。

情景分析

一、客户为什么投诉

1.客户认为，及时发送电子账单和短信通知是银行应尽的提示义务。自己在最后还款日之前没有收到，银行已经有责；申请重新寄送账单后，仍未及时还款，虽然自己负有部分责任，但重新申请后仍然没有收到短信通知才是导致还款不及时的主要原因。所以，客户认为责任主要在银行。

2.客户遭受了最直接的资金损失，又存在自己认为有理的赔偿依据，自然希望得到银行一定的赔偿。

二、大堂经理做错了什么

大堂经理简单安抚客户后，就将责任归到其他服务部门身上，会让客户感觉对方有推诿之嫌。大堂经理如果能从如何照顾客户遭受损失的感受着手，给予恰当的安抚和适当的赔偿措施，可能就不会导致后期承担专项服务投诉处理的较高成本了。

三、人民银行处理结果

人民银行某中心支行接到投诉后，及时将相关情况反馈至银行，要求核实情况并妥善与客户协商处理。该支行向其上级行及信用卡部请示后认定，因本行信用卡章程明确规定，持卡人应注意查收对账单，如未按时收到对账单，应及时查询，不得以“未收到对账单”为由拒绝偿还欠款，所以银行对李某逾期还款导致的任何损失不予承担。

鉴于银行提供的理由合规合理，人民银行某中心支行予以采纳。经人民银行某中心支行和银行与客户解释沟通，最终客户表示理解，接受处理结果，表示以后会主动关注还款信息。

依据《中华人民共和国合同法》，在银行与客户李某之间的合同关系中，对李某而言，每月的还款日期是固定的，李某知道或应当知道还款日期，有按时还款的合同义务，不能以“没有收到电子账单和短信通知”为由进行抗辩。另外，即使在没有收到电子账单和短信通知的情况下，李某也可根据之前的交易情况，致电信用卡客服中心或者自行在自助设备查询还款日期及还款金额，不应因未收到通知而影响合同义务的履行。因此，银行认为李某要求减免滞纳金及利息的请求不合理。对李某个人信用记录造成的影响，银行方表示同情并致以歉意，但李某应承担主要责任。

四、遇到无法满足客户要求，导致投诉升级的情况，我们怎么办

1.无法满足客户要求时，应遵循“异时、异地、异人”的原则进行处理。

异时：换个时间。既然当时无法满足客户的需求就没必要浪费太多当即时间，以恰当的方式引导客户换个时间处理更为

妥当。

异地：换个地点。无法满足客户需求极易造成客户情绪激动，从而影响营业厅的服务秩序，引导客户到独立空间处理较为妥当。

异人：换个人员。无法满足客户要求时，客户可能会认为当前服务人员经验不足或故意刁难，换人后有助于安抚客户情绪，帮助客户理性思考。

2.客户提出的要求有的合理、有的不合理，要灵活对待。

对于合理要求，银行作为服务提供方应尽力提供最优质、最全面的服务协助客户解决问题，在服务力量不足时，向客户提出合理化的解决方案，并真诚致歉，争取获得客户谅解。

对于不合理要求，银行作为服务提供方要坚持“做客户服务，不做客户奴仆”，尽量引导客户合理地解决问题。

如果事件已经影响网点正常运营秩序，发生伤害服务人员尊严或身体等情况，银行要及时启动特殊服务应急处理方案，并向上级汇报，必要时求助执法机关给予协助。

当然，接待客户的服务人员如果能够在服务投诉初始阶段把问题解决掉是最好的，既节省客户的精力，也能降低银行的损失。

服务启示

客户在向银行申请信用卡时，应从自我保护角度出发，认真阅读有关约定章程之后再签字确认；同时，客户作为债务人，应主动关注还款日期等相关信息，不能完全依靠银行的对账单，从而杜绝蒙受经济损失并维护个人良好信用记录。人民银行个人征信数据T+1项目已经于2015年6月1日正式上线。逾期一天，哪怕一分钱，都要被银行征信列入黑名单。

银行在为客户办理信用卡时，有义务提示客户认真阅读有关章程，特别要告知不利于客户的相关条款；同时，认真履行还款提醒义务，减少不必要的纠纷，最重要的是不要因为银行方面的疏忽而影响了客户的信用记录。毕竟客户一旦产生信用污点，是无法用金钱弥补的！

情景 26

客户理财亏损与客户经理发生纠纷

2012年11月的一天，客户马某到银行存款，经客户经理推荐，对一款收益比存款利息高的理财产品非常感兴趣。马某反复向客户经理询问该产品能不能保本，在得到客户经理肯定的回答后，将10万元存款用于购买该理财产品（实际购买的是该行合作发售的基金产品）。由于资本市场变化，在投资一年后，客户通过打印对账单发现本金亏损，客户经理建议继续持有，等待净值回升。2013年5月，客户发现投资继续亏损，因担心亏损继续扩大，客户自己将该产品赎回，造成本金亏损1.2万元。

之后，客户经理遭遇了多次现场投诉，客户马某声明只有一个目的，希望客户经理赔偿自己的资金损失。支行领导多次出面协商解决，客户均不接受。在多方压力之下，客户经理自认倒霉，于2013年6月很不情愿地赔偿了马某4000元。客户马某也同意了该赔偿方案，但一个月后又找到客户经理，表示对该赔偿仍不满意。

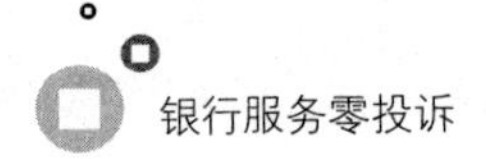

客户经理在咨询过法律顾问，并征得银行同意后，与客户一起向人民银行金融消费权益保护中心提出协商请求，希望追回自己的4000元补偿款。

情景分析

一、客户为什么投诉

客户马某明确表示自己希望购买保本的理财产品，却遭受1.2万元的本金亏损，自然将责任归咎于推荐该理财产品的客户经理并希望得到赔偿。

二、银行客户经理做错了什么

如果客户经理遵循了合规的产品销售流程，而擅自做出经济赔偿的行为是不妥的。《商业银行个人理财业务风险管理指引》第五十一条规定："对于非保本浮动收益理财计划，风险提示的内容应至少包括以下语句：'本理财计划是高风险投资产品，您的本金可能会因市场变动而蒙受重大损失，您应该充分认识投资风险，谨慎投资'。"客户在风险提示下自主进行投资，对投资损失应承担责任。

如果客户经理在产品销售过程存在不合规环节，需要承担赔偿责任。《商业银行法》第五条规定："商业银行与客户的业务往来，应当遵循平等、自愿、公平和诚实信用的原则。"本案中，马某的目的是购买保本加利息的理财产品，而银行工作人员实际为其购买的是随市场变化、本金可能会有损失的基金。银行应告知马某所购买理财产品的类型、是否保本等详细信息。根据

《合同法》第四十二条规定，故意隐瞒与订立合同有关的重要事实或者提供虚假情况，给对方造成损失的，应当承担损害赔偿责任。

三、人民银行处理结果

人民银行某中心支行金融消费权益保护中心参与了核实处理过程。客户马某是该行的老客户，自2008年以来其本人及配偶分别到该行购买过相关理财产品和保险。关于客户马某投诉的交易业务，该行客户经理的销售和经办流程符合业务规定，交易过程中按规定要求对马某进行了风险承受能力等级评估和登记，风险承受能力为积极进取型，相关销售资料均有客户亲笔签字，客户的损失主要源于市场变化引发的风险损失。马某要求客户经理赔偿其全部损失缺乏正当的理由和依据。

但是，客户马某的目的是购买保本的理财产品，而客户经理实际为其购买的是随市场变化本金可能会有损失的基金。根据《合同法》第四十二条规定，故意隐瞒与订立合同有关的重要事实或者提供虚假情况，给对方造成损失的，应当承担损害赔偿责任。对于银行客户经理与马某协商给予的4000元损失补偿，支持客户经理事实行为，并要求银行和客户经理向客户致歉。协商后，马某表示不再因此事向银行及客户经理提出其他要求。

四、银行应该怎么做

银行应加强对金融产品营销人员的管理培训，对产品情况要如实履行告知义务，做好记录留存，切实保障客户和银行自身合法权益，要始终坚持诚实守信原则，合规经营。法律面前，客户

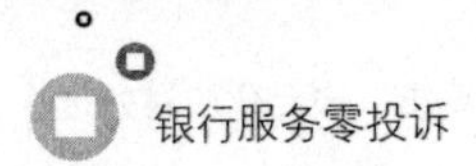

与银行都有保护自己合法权益的权利。如果是客户自身责任，法律会给予银行服务人员保护；但如果是银行人员的责任，法律也会保护客户的正当权益。

投诉可以分为一般投诉和重大投诉。对于重大投诉解决后的诉后跟踪工作，非常必要，也非常重要。客户第一次投诉是因为遭受了直接的资金损失，希望得到补偿。客户重复投诉是因为感觉补偿未充分达到自己的心理预期，可能是金额方面的，可能是感情方面的，本事件中被诉单位显然没有做好诉后跟踪这个环节。如果在第一次投诉处理时，充分做好诉后管理工作，可以降低重复投诉发生的几率。

◉ 服务启示

随着互联网金融的发展，“理财”“资产规划”再也不是“高大上”的VIP服务了，已经飞入寻常百姓家，现在人人都在谈理财、买理财，我们已经进入全面金融的时代。随之而来的是银行客户经理的角色转变和更高的职责要求。客户经理再也不是简单地兜售产品，而是在销售自己的服务。销售诚信第一，银行在销售理财产品时，应严格遵守相关法律规定，用通俗易懂的语言为消费者提供充分的风险提示。按照“了解你的客户”的原则对客户的财务状况、风险认知和承受能力等进行充分了解和评估，并将有关评估意见告知客户，双方签字确认。

对客户进行风险教育的过程中，由于银行方面天然的专业能力和丰富信息，银行应承担起更多的社会责任。在这个过程中，银行要加强对投资客户特别是中小客户的教育，讲清楚各种金融产品的性质和购买这些产品要承担的风险，使客户从一开始就了解自己承受风险的能力并对投资风险做好思想准备，从而用一颗平常心来对待投资收益和损失。

优化硬件服务，关注服务细节

网点硬件故障造成延误，及时安抚客户情绪

情景 27

银行没有如期为客户安装POS机

一天，一位60多岁的阿姨到网点来找大堂经理。

客　　户：我办的POS机说好了一个星期内给安装，这都到期了，咋还没给我装？

大堂经理：阿姨，您再等两天，机器还没到，到了我就给您装。

客　　户：哪天能到啊？

大堂经理：就这两天，到了我马上联系您。

客　　户：尽快给我装吧！我等着开业呢！

大堂经理：您放心吧，耽误不了您开业。

客户失望地离开了。两天后，客户又来到网点找大堂经理。

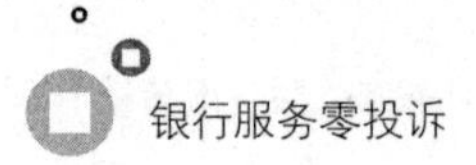

客　　户：这都两天了，姑娘，我的机器咋还不给我装？

大堂经理：阿姨您的机器我帮您催了，机器现在还没有到，您再等等，到了我马上安排先给您装。

客　　户：我还有三天就试营业了，再不给我装会影响我做生意的。

大堂经理：阿姨机器现在没到，我也着急呢！您先回去再等等，到了我马上通知您，再过两天就到了。

客户再一次无奈地离开了。第四天，客户又来到网点找大堂经理。

客　　户：姑娘，机器到了没？我马上就试营业了，你们不能这样啊，说好了一个星期就装好，这都过了十多天了，咋还没到呢？

大堂经理：阿姨，我真的催了，我也急呢，好几个客户都等着装呢，机器不来我们也干着急啊！

客　　户：那你们也不能一拖再拖啊，做不到的事当初就不要答应我一个星期就装好。

大堂经理：真是对不起，我们也没想到会这样，现在总行那边制卡机出问题了，卡制不出来，我们也没辙，好多客户催呢！

客　　户：我不管别人，你先把我的装上，我后天就要试营业了，客户来了刷不了卡，那哪成？

大堂经理：我天天催也没用啊，真是抱歉啊，阿姨！

客　　户：要是这样当初就别让我装，我还不如去××银行，人家很快就可以办好。手续也不像你们这么麻烦，我都快急死了！

大堂经理：我知道您急，我也急着把您的机器装好，您理解一下，我再催催。

客　　户：明天再不给我装上，这不是要耽误我做生意吗？给我个准确时间，不然我就去××银行装了。

大堂经理很无奈……

情景分析

一、客户为什么会这样

1.客户面临开业在即的现实难题，POS机装不上，的确会影响到正常营业，造成损失，客户自然很着急。

2.俗话说“事不过三”，银行方面连续承诺却不能兑现，让客户非常失望。客户认为“我没有选择其他银行是信任你们”，并且能一等再等也没有选择离开或投诉，结果还是让她大失所望。

二、大堂经理做错了什么

1.大堂经理虽然清楚地告知了客户原因，但客户来银行三次催促得到的都是相同的答复，“抱歉”“机器没到”“也着急，没办法”，语言单一让客户感到事情毫无进展，逐渐产生不信任感。

2.大堂经理忽略了客户新店开业这一信息，自始至终没有关注客户开业的准备情况。也许是不敢提起，担心会让自己陷入尴尬的境地。

3.当客户提出到其他银行时大堂经理没了对策，这是最危险的信号，如果再不努力做些什么，客户可能从此不再来该银行。

三、服务承诺无法兑现时，我们要怎么做

服务承诺不能兑现时，银行服务人员应尊重客户的知情权，及时通知客户并致歉。以本事件为例，如果因总行审批、制卡、购机等因素未能及时为客户安装POS机时，我们应主动提前与客户联系，告知大概推迟的时间，若推迟后还不能及时安装，或者无法确定具体安装时间，应主动打电话道歉或当面道歉。

话术示范

客　　户：我办的POS机说好了一个星期内装，这都到期了，咋还没给我装？

大堂经理：阿姨，实在是抱歉，我昨天给您打电话没联系上您，我刚才正要给您打电话呢！您的POS机我这几天每天催，就怕耽误您开业。

客　　户：可不是，我这周末就试营业了，POS机哪天能到啊？

大堂经理：这两天就能到，阿姨您这么快就试营业了啊？够快的，您不是刚装修完没多长时间呀？现在都准备得差不多了吧？

客　　户：差不多了！明天厂家来人给我调试系统，现在正在理货呢！

大堂经理：理货人手够吗？要不我下班去帮帮您。

客　　户：不用不用，我店里雇了两个员工，让他们理正好熟悉熟悉货。

大堂经理：阿姨营业都做了哪些宣传呀？

客　　户：厂家统一给做活动，在店里贴些海报啥的，再打打折。我一个老太太还能做啥宣传，最多发发传单。

大堂经理：找我啊！走，阿姨带我到你店里看看，我去拍些照片，放到网上，在我朋友圈里给您宣传宣传。

客　　户：（乐呵呵地边往外走边说）姑娘，现在还乱七八糟的呢！过两天，过两天弄好了，请你过来啊……

大堂经理：阿姨，那我明天再去看看，我这边也赶紧催催您的POS机，会尽快给您安装上的，您放心。

客　　户：那好，那好，我明天8点就能到店里。

大堂经理：阿姨，您就在店里先忙着，不用再过来了，耽误您时间，我明天中午趁吃饭的时间去您店里告诉您具体情况。

客　　户：好好好，那就说定了。

客户高兴地离开了。第二天中午大堂经理来到客户的店里。

大堂经理：阿姨您忙呢？这店装修得真豪华，花了不少钱吧？

客　　户：别提了，我这点积蓄全搭在这店里了，我就指望它给我养老了。

大堂经理：阿姨您这么亲和，做生意一定会不错的，我特别喜欢您店里的装修风格。

客　　户：这是厂家统一装修的，我们是正规加盟的……

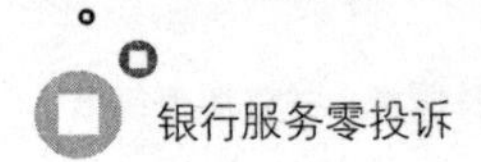

（客户开始兴奋地介绍着，时间很快就过去了一刻钟）

大堂经理：怪不得这么快就开业了。阿姨，我昨天跟省行联系了，省行那边制卡机出了问题，我们暂时还不能确定什么时候机器能到，我们行长为了能尽快拿到机器也天天地催省行那边。不能马上给您安装真是对不起，不过我们行长今天特意让我来告诉您，您开业前我们会帮您的店里做做宣传。今天我先拍些门头的照片，等过两天您的货都上架了，我再来拍些照片，好好地给您做做宣传。这也算是我们工作没做到位给您的一些补偿，您看这样可以吗?

客　　户：给我做宣传当然好，我一个老太太也不会做啥宣传。但机器也要尽快给我安装啊!

大堂经理：那是一定，机器到了我第一个给您安装。您放心，知道您这边要开业，我们也很着急，所以一定第一时间先给您安装。

客　　户：那好吧，你拍照拍得好看点儿。

大堂经理：好嘞！那我拍了，阿姨。

经过一周的POS机跟进和店铺宣传，POS机终于在客户试营业的第二天安装成功。客户特别感谢银行为店面做的宣传，也没有再追究延后安装这件事。

话术解析

当我们无法兑现给客户的承诺时，就要想办法补偿客户的心理落差，使客户在情感上获得相对平衡，如果能做得超出客户的期望就更好了。示范中，当大堂经理把关注点放在客户的店铺上时，客户愉快地与她分享着。哪怕店里的一个小小摆件，都是客户乐意分享的话题。大堂经理应尽量让客户多分享自己的成果，逐步拉近与客户的距离，同时可以获得客户更多的信息。每个人都喜欢被称赞，当客户开始享受你的称赞时，他已经成为你的忠诚客户了。因此，在快乐分享和充分沟通之后，大堂经理及时、适当地夸赞客户，客户一般都能接受合理的解释。

大堂经理只是简单地拍了几张照片，让员工在自己的朋友圈里发一发，既不会耽误太多的工作时间，又能帮助客户进行宣传，还避免了潜在的投诉甚至是客户流失，还可能带来更多的客户，一举多得。

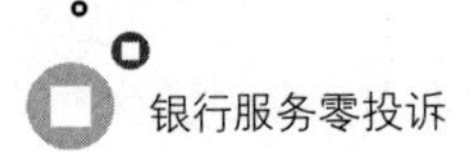

情景 28

机器设备故障影响正常服务

某天是江西某银行网点发工资日，上午9点多业务正值高峰期，网点已有等候人数30多人，大多是老年客户，大厅显得有些拥挤。现金柜面开放了两个窗口，另外在相对隐蔽的区域开放了一个VIP窗口。由于网点设备陈旧，新系统也刚上线不久，柜员对新系统还处于熟悉阶段，一位客户办理T+D贵金属账户开户，先是系统反应较慢，之后电脑死机，该客户不得不终止办理后离开。于是该现金柜面窗口只能暂停服务长达20多分钟。

期间柜员一直在努力地修复系统，大堂经理也尽力引导分流，但是大厅客户仍是越聚越多，很多客户带着疑惑不满地抱怨："怎么就开一个窗口啊？""这么多人怎么只开一个窗口！"有些客户默默地离开了，这时一位在休息区等候了10多分钟的客户大声嚷嚷起来。

客　　户：你们这些人都是干什么的？没看到这么多人在等

啊！只开一个窗口怎么办业务？

大堂经理：先生，实在抱歉，今天设备出问题了，您办什么业务？我看能不能想办法帮您办理。

客　　户：设备有问题就是理由啊？设备有问题就换，上次来就有问题，你们银行赚那么多钱，还养这么多人，用这些钱早该把设备换了。我们的时间就不是时间了？你们银行说一句设备有问题就行了？

大堂经理：设备出问题我们也不想啊，领导不给换我们有什么办法！你要是着急就先办别的事情，办完了再来。

客　　户：你这是怎么说话的？这是什么态度？我办什么事情用你管么？我已经在这等了快半个小时了（客户一般都会夸张地表达自己的不满），这半个小时白等啦？

大堂经理：那您要不着急就再等一会儿，我也不知道什么时候能修好。

大堂经理说完转身去引导其他客户，此时柜员一直默默地在修复电脑，网点主要负责人刚好外出了，整个网点乱作一团。大部分客户都默默地离开了，有个别客户仍继续不时地抱怨着。大堂经理始终没有再正面接触有情绪的客户，直到电脑恢复正常后，又来了一波新客户，网点才恢复平静。当天，网点负责人接到通知显示四位客户打投诉电话投诉该网点大堂经理工作态度差。大堂经理感觉很冤枉，自己明明一直在忙，累得脚都快跑断了，客户为什么还要投诉自己呢？

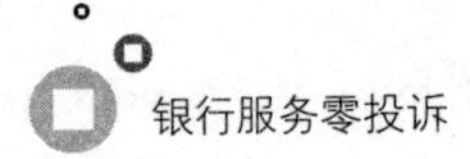

情景分析

一、客户为什么投诉

1.客户一般都能理解设备出问题，但不能接受出了问题没人关注。如果客户等候时间超过10分钟仍然没有人告知解决办法时，客户面对未知的焦虑感会逐渐增强，有的客户就会爆发负面情绪，有的会选择默默投诉。

2.该网点修复系统耗时长达20多分钟，期间原等候的客户和新进客户部分选择直接离开，对于剩余的客户服务人员一定要做好引导分流。该事件中大堂经理用“一对一”的方式引导分流，并不能快速帮助所有客户，因此遇到这类问题要选择“一对多”的方式来解决，才能尽量避免客户投诉。

3.网点设备陈旧、新系统上线、实习生临柜、人手不足等问题导致员工工作效率下降、对外窗口减少的情况时有发生，存在这类情况的网点应提前做好预防投诉发生的准备工作。

二、柜员和大堂经理做错了什么

1.柜员默默低头修复设备没有错，但如果可以花上几秒钟的时间，用麦克风对大厅的客户表示歉意，并告知大概的修复进度，可以帮助大堂经理减轻大堂服务的压力。

2.大堂经理在引导分流时采用“一对一”的方式服务客户，没能顾及其他客户的反应。客户抱怨表达不满时虽然及时上前进行询问，但语言使用不当，导致客户不满情绪升级，旁观的客户也会受到影响。

3.大堂经理只关注了可以分流的客户，却忽视了等候区继续等候的客户。

4.大堂经理与柜面几乎没有沟通，只顾着引导分流客户，却忽略了关注系统修复进度，而大厅的客户盲目地等候情绪会越来越焦躁。

三、对于系统出现故障、影响厅堂服务效率的情况，我们要注意什么

1.及时采用“一对多”的方式向所有客户解释清楚网点现状，告知需等待的预期时间，并诚恳地表示歉意。

2.行动加快，多和客户交流，将能分流的客户分流，不能分流的客户也要特别关注，可采取解释说明或发放产品折页、报纸、小喇叭、小礼品等方式安抚等候区的客户。

3.引导分流过程中随时关注柜面情况，哪怕远远地喊上一两句，也要与柜面保持对话。与柜面交流修复进度的对话尽量让客户听到，让客户感受到我们在努力修复。

4.引导有异议的客户到VIP室办理业务，或按顺序引导客户到VIP室办理。

话术示范

柜员发现电脑故障后及时与正在办理业务的客户沟通。

柜　员：客户您好，实在是抱歉，今天系统升级，电脑反应比较慢，现在出现死机，您这笔业务可能没有办法在这个窗口办理了，等隔壁窗口办完当前这笔业务后再帮您办理可以吗？

客　户：好的。

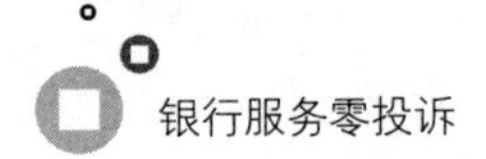

柜　　员：那您在隔壁窗口先等一下。我这边要是先修好我会叫您，谢谢您的理解。

柜员迅速呼叫大堂经理，告知电脑死机，大堂经理接到通知后，走到大厅正中央，大声通知客户。

大堂经理：各位客户，大家上午好！非常抱歉让大家久等了，刚刚发现2号柜台电脑出现故障，我们员工正在修复，可能要耽误大家一点时间，为了帮助大家快速办理业务，请办理现金存取款业务的客户到自助设备上办理，如果需要我帮助可以叫我，其他客户请耐心等待，我将挨个了解您的业务情况，您有什么问题都可以随时问我，谢谢您的理解与配合！

随后大堂经理挨个询问客户要办理的业务，并进行引导分流至VIP窗口和非现金窗口，10分钟过去了客户都非常配合，没有一位客户抱怨。询问一圈后，大堂经理走到2号柜台了解情况。

大堂经理：怎么样了？修好了没？

柜　　员：您跟客户解释下，新系统升级，电脑反应较慢。实在是抱歉，可能还需要再等一段时间。

大堂经理：（迅速从折页架上取了一些折页，一边发放，一边大声说）各位客户，让你们久等了，实在抱歉！银行利率刚刚进行调整，利用这段等候时间，您可以了解一下定期收益，把家里暂时不用的闲钱，或者把其他银行的零散钱凑一凑，存个定期，不然太可惜了！现在活期利息才0.35%，大叔您看一下，阿姨您也看一看。有疑问都可以问我……

大堂经理一边与客户聊天，转移客户注意力，同时获得更多客户的需求信息，并请理财经理偶尔也到大厅帮忙应对咨询。另外，大堂经理时不时地用目光观察柜面的修复情况。整个网点的客户全都在安静地看宣传折页，大堂经理和理财经理继续向新进客户解释说明并分流引导。15分钟后，大堂经理发现客户开始关注窗口，再次回到柜台询问，电脑依然没有修好。

大堂经理迅速从库房拿着两摞鼠标垫返回大厅，一摞放在填单台上，一摞边说边发给客户。

大堂经理：大叔、阿姨们，让大家久等了，为了表示歉意把我手里的鼠标垫送给大家，拿回去您可以当隔热垫、杯垫、锅垫，垫啥都行，只要您愿意等人人有份。

鼠标垫发完后大部分客户都低着头看印在鼠标垫上的日历，大堂经理也在适时地与关注柜面的客户交流，10多分钟后，2号柜面系统恢复正常，客户按顺序顺利办理完业务，网点秩序恢复正常。虽然期间有部分客户默默地离开了但该网点未接到任何投诉。

话术解析

在用时长达20多分钟的设备故障维修期间，大堂经理进行了四轮的安抚工作：

第一轮，解释说明，挨个询问客户要办理的业务并进行分流引导。

第二轮，发放折页，转移客户的注意力，继续分流引导。

第三轮，发放小礼物作为补偿，使客户的心理得到相对的平衡，尽量避免客户产生负面情绪。如果没有小礼物，也可以更换折页发放，将第一轮、第二轮的方法同时使用。

第四轮，走到休息区与始终等候的客户进行深入交流，让客户感受到你已经关注到他等候的时间较长。一般设备故障在20分钟内就可以排除，因此大堂经理做好前两轮的解释、安抚、协助等工作后客户一般会继续等候，不会产生负面情绪爆发的情况。

对于网点突发的系统故障首先要做好解释说明和安抚客户的工作。大堂经理多次运用了“一对多”的方法，告知客户目前网点现状，请求客户理解与配合，使客户感受到银行对客户的关注。

如果不清楚修复结束时间，服务人员应及时分流引导大厅等候的客户，能分流的分流，不能分流的做业务协助，尽量减轻大厅的压力。比如可以先协助拿折取款的客户到自助补登折机上做登折，让客户查明自己账户中的余额的同时又获得特别关注，为故障排除后快速办理业务做好准备。

情景 29

运钞车未按时到达，打乱正常营业秩序

早上9点钟，银行已经开始营业半个小时了，但仍不见运钞车到来。客户已经在厅堂内等了30分钟，气氛开始紧张，加上大堂经理安抚语言不当，引起客户集体投诉。

大堂经理：您好！请问您办理什么业务？

客　　户1：取3万块钱。

大堂经理：不好意思，我们的运钞车还没到，这会儿取不了，您去那边坐着等一下吧！（大堂经理赶忙又招呼其他客户）您好！请问您办理什么业务？

客　　户2：我昨天给你们打电话预约了今天早上来取10万块钱。

大堂经理：不好意思，运钞车还没到，您先等一下。

客　　户2：要等多久？我还赶时间呢。

大堂经理：这个就不知道了，差不多半小时吧！

客　　户2：你们不是8：30营业吗？现在都8：40了，运钞车怎么还没到？

大堂经理：路上堵车，我们也没办法，您先去坐一下吧！请问您办理什么业务？

客　　户3：取4万块钱。

大堂经理：不好意思，运钞车还没到，您先等一下吧！

客　　户3：我又不是取大额，你让柜台帮忙给我取一下吧！我的小孩还在车里面等我呢。

大堂经理：运钞车没到，我也没办法呀。

刚才入座的两位客户听到这边吵闹的声音也不约而同站起来，来到大堂经理这边。

三位客户：你们银行是咋整的？这都9点了，运钞车还没到，不是骗人故意不帮我们取吧？！

大堂经理：我骗你们干吗，运钞车没到我能有什么办法？

三位客户：你这什么态度，你们银行不知道想办法呀，都等这么久了还没到，是什么破银行！

此时吵闹声越来越激烈，前来办理业务的其他客户也都跑过来围观，你一言我一语。其中一位客户掏出手机，拨打了该行客户服务中心的投诉电话。

◉ 情景分析

一、客户为什么投诉

1.银行没有按公示承诺的时间开始正常营业，延误了客户的取款时间。

2.银行对延误的现状，没有致歉，也没有主动说明。虽然大堂经理回答了客户的问题，但客户感受不到银行服务的主动性。

二、大堂经理做错了什么

1.大堂经理语言表达欠妥。当由于银行的原因给客户带来不便时，服务人员应及时向客户致歉并解释原因，以得到客户的谅解，而不能说“自己没办法”等这类会挑拨情绪的话语。

2.在长达半小时的等候时间里，大堂经理几乎没有采取任何安抚客户的有效措施。

三、网点未按公告时间对外营业，我们要注意什么

对于网点未按公告时间对外营业，主要有两种情况：

早晨推迟开始：

1.向久候的客户致歉，由于运钞车到达的时间偏晚，所以影响了正常营业时间，请大家见谅。务必要主动，不要等客户来问。

2.告诉客户我们将尽快为其办理业务，请客户稍等。同时，安排柜台迅速做好准备工作，保证能以最快的速度开始为客户办理业务。

3.每隔5分钟安抚全场一次，语言安抚和行动安抚相结合。对个别着急的客户提供建设性的意见，比如到附近网点或改时间再来办理业务。如果推迟时间超过20分钟（该事件中等候时间已超过半个小时），务必采取其他安抚措施，譬如理财经理协助厅堂宣传理财知识、参与小活动、赠送小礼品等。

4.对于新进入网点的客户，务必即时提醒需等候的时间，保障客户的知情权，便于客户合理安排事务。

晚上提早结束（个别银行网点为配合钞车时间，必须提前轧账）：

1.大堂经理务必主动向客户致歉，不要等客户来质问。

2.大堂经理需要耐心向客户做好解释工作，说明时间牌上的营业时间包含日终轧账时间。为了配合钞车的时间，我们必须提前轧账，否则会影响客户的资金安全，所以请客户谅解。

3.大堂经理应主动告知客户本网点每日对外的营业实际截止时间，提醒客户下次提早过来办理业务，或提醒客户使用24小时自助设备办理。

◉ 话术示范

大堂经理：您好！请问您办理什么业务？

客　　户1：取3万块钱。

大堂经理：实在是抱歉，今天周一清早上班高峰期，到处堵车，我们的运钞车这会儿正堵在路上呢，要不您先到自助取款机取两万，剩余的钱下午再来取，省得在这儿等浪费您宝贵时间，您看行吗？

客　　户1：两万在自助机上取，那不得取好多次？

大堂经理：不好意思啊，给您添麻烦了，我陪您一块去自助机那边吧！虽然麻烦一点，但总比您在这里等好点！

客　　户1：也是，那谢谢您啊。

大堂经理：不客气，您慢走。请问您办理什么业务？

客　户2：我昨天给你们打电话预约了今天早上来取10万块钱。

大堂经理：真是抱歉，今天周一，清早上班高峰期到处堵车，我们的运钞车这会儿正堵在路上呢。要不您先去办其他事情或者去吃个早餐，一会儿运钞车来了我马上给您电话，省得您在这儿等浪费宝贵的时间。

客　户2：那运钞车大概要多久到？现在都8：40了。

大堂经理：大姐，我们和您一样都很着急，恨不得运钞车马上到。我刚刚打电话问过了，这会儿还正堵着呢，如果交通疏通了的话，很快就会到。

客　户2：那行，我去旁边吃个早餐，到了就打我电话啊。这是我电话189********。

大堂经理：行行行，您放心吧！只要运钞车一到我就马上联系您。请问您办理什么业务？

客　户3：取4万块钱。

大堂经理：不好意思啊，今天路上堵车堵得厉害，我们的运钞车这会儿正堵在路上还没到，要不我陪您去自助机上先取两万应应急，您先去办事，剩余的晚一点等您办完事再来取，您看行吗？

客　户3：在自助机上取两万，得取好多次才行，我是取4万又不是两万。我不是取大额，你们柜台这不正好有客户在存钱吗？让柜台帮忙想想办法，我的小孩还在车里面等着呢。

大堂经理：我知道您着急，我比您更急，要不您先去把孩子抱下来我帮您看着，然后您再去自助机取两万，剩余的我再去柜台问问看能帮您取多少，您看行吗？

客　　户3：那好吧，谢谢你啊！

大堂经理：不客气，是我们给您添麻烦了，感谢您的谅解。

话术解析

示范中，当因银行造成客户等候时，大堂经理通过热情周到的服务与巧妙的对话交流得到了客户的谅解。大堂经理将产生焦急情绪的客户进行了合理的分流，避免了不满客户扎堆可能引起的集体投诉。

大堂经理是银行与客户之间的纽带，必须是一位能说会道、伶牙俐齿的沟通高手，从而提升客户的满意度。当进入厅堂的客户无视你的询问时，当客户不愿接受你的服务和产品时，我们要问一问自己：是不是与客户沟通时出现了问题？是不是忽视了沟通的技巧？

总而言之，大堂经理与客户之间的交流不是冷冰冰的机械式的工作，也不是背得滚瓜烂熟各种各样的话术，而是一种理解客户的心情、互动式的沟通。没有良好的交流就谈不上优质的服务，没有优质的服务就没有后续的营销。大堂经理要从客户点滴的言语中发现机会并牢牢抓住，如果你能根据客户的特征坚持“以客户为中心”进行沟通的话，你的服务就更容易被客户认可。

维护公共环境，保障大多数客户的利益

情景 30

禁止客户在网点内吸烟引起纠纷

客户在网点吸烟是非常令大堂经理头疼的事情。大堂经理一般会选择性视而不见，因为大堂经理如果处理不当，往往会惹怒客户从而导致纠纷。

例 1

客户在网点等候期间，一边与同伴聊天一边吸烟，这时大堂经理走过来。

大堂经理：先生，这里不能吸烟。

客　　户：谁说的？

大堂经理：这是公共场所，不能吸烟，你把烟灭了吧！

客户同伴：以前也吸过怎么没人管？

大堂经理：那是没看到吧！

客　　户：你们哪里有禁烟标识？

大堂经理：……

因为该网点禁烟标识在一个月前脱落没修复，大堂经理被问得无言以对。客户继续吸着烟聊着天。

例 2

客户在柜台办理业务由于等候时间较长，随手点起一支烟，边抽边等，柜员没有作声。过了一会儿大堂经理看到过来制止。

大堂经理：先生，我们这儿不让吸烟。

客　　户：那她怎么不说？（指向柜员）

大堂经理：可能她没看到。

客　　户：我都在这儿吸半天了。

大堂经理：请您把烟灭了吧！

客　　户：我马上办完了。

大堂经理无奈离开，客户继续把烟吸完。

◉ 情景分析

一、客户为什么会这样

1.在网点内吸烟的客户，往往是烟瘾比较大的客户，没有注意到网点的禁烟标识，或者习惯性点烟。

2.客户被命令、指责后，会极力在众人面前找回面子。一旦我们言语使用不当，客户就会有抵触情绪，不予配合。

3.个别客户认为银行网点非禁烟区域。

二、银行员工做错了什么

1.大堂经理使用了指责、命令的语言导致客户不满，拒绝熄灭烟。

2.杜绝客户吸烟人人有责，不能只由大堂经理负责处理问题，其他服务人员谁第一时间发现谁负责提醒客户。

三、处理在网点吸烟的客户时，我们要注意什么

1.及时发现及时提醒，尽量在客户还未点着烟之前进行提醒。

2.在客户已经点着后，切勿使用“不允许”“禁止”“不能”“不可以”“请到外面吸”等指责、命令的语言。

3.要求客户灭烟的同时，服务人员应提供可以灭烟的工具。如：烟灰缸、装着水的一次性纸杯等。

4.禁烟标识要明显，这是大堂经理处理网点客户吸烟问题的必备工具。

话术示范

看到客户吸烟后，大堂经理拿起装着水的一次性纸杯走到客户面前。

大堂经理：先生，实在是抱歉。（顺手指向禁烟标识）您看，我们这里是无烟网点。（一般说到这里，客户基本都已经意识到自己做得不对，会马上熄掉香烟）

客　　户：好好好。

大堂经理：谢谢您的配合！请问您办理什么业务？

客　　户：我办理……

如果客户不能意识到自己吸烟的问题，大堂经理可以继续说……

大堂经理：让您浪费一支烟是我们的不对，感谢您能理解我们的工作，这里的监控我们领导都能看到，请您见谅，不然我这个月奖金就没啦！您可以把烟放这里（指纸杯）。

客户掐掉了烟头，顺手放进了纸杯。

话术解析

客户吸烟是小事，但让客户感到没有面子是大事，大堂经理使用“我们这里是无烟网点”来替换“这里禁止吸烟”可以保留客户的面子。这种方式在实践当中非常好用，极少客户会抵触。

情景 31

客户长期来银行不办理业务只泡茶饮水

贵宾区每天都会来一位老大爷，不办理任何业务，而是到饮水机接满满的一壶热水沏茶。支行里的同事都开玩笑说客户经理能摆平若干大客户，却处理不了每天只来喝茶的零存款客户。

客户经理：大爷，您不能每天都来接水啊，影响我的工作啊！

客　　户：这不是银行吗？

客户经理：这是理财经理室，是接待大客户的区域，您每天都来接水，不太合适吧。

客　　户：这水不是给客户喝的吗？

客户经理：是给客户喝的。但您什么业务也不办，每天都接一壶水，这水银行也要花钱买的啊。

客　　户：银行的水都是银行花钱的啊，你也说这水是给客户喝的，你不让我喝，我就只能投诉你了。

半年内，类似的沟通场景发生了很多次。客户没有拨打投诉电话，但他的行为已经成为无声的投诉。

情景分析

一、客户为什么这么做

1.客户认为自己有权利享用银行提供的公共服务。

2.客户的消费者维权意识普遍增强，一旦客户感觉自己的服务权益受到侵害，就会拿起“投诉”这个“武器”。

3.这位大爷的行为持续已久，肯定不止一次被提醒过。随着银行的多次提醒，大爷认为银行在敌视自己，从而也将银行放到自己的对立面，更加坚定自己的行为以发泄不满情绪。

二、客户经理做错了什么

1.拒绝客户时语言不当，伤害了客户的自尊心。

2.客户经理急于判定客户和自己的过错责任，激化了客户情绪。

3.客户经理与客户长期互不理睬，造成冷战，更激化了客户的对立情绪。

三、对于不合理占用公众服务资源的客户，我们应该怎么做

1.严于律己，宽以待人，服务面前客户“没有错”。

2.不要急于判定是客户和银行哪一方的过错，特别要注意，如果是客户的过错，客户不希望上纲上线。

3.建立良好的交流通道，创造客户与银行的沟通机会，再寻找解决问题的突破口。

话术示范

客户经理：大爷，每次见到您，我就特别开心！您知道为什么吗？

客户看看客户经理，没吱声。

客户经理：只要是哪天能见到您，我准能有业绩。感谢您啊！（客户经理伸手想去握手，老大爷没理会）所以，我今天特意为您备了茶叶，咱爷俩坐下来边喝边聊会儿。

客　　户：不了，谢谢。（老大爷觉得已经拒绝了客户经理两次有点不好意思）

第二天，大爷又准时出现了。

客户经理：大爷，今天又见到您了，今天您可得给我点时间，咱们边喝边聊！我有一份特别好的产品推荐给您！

客　　户：不了，谢谢。（老大爷有点不好意思）

第三天，大爷仍准时出现了。

客户经理：大爷，今天您来得正好，我刚让大堂经理换的水，昨晚还让大堂经理洗了洗饮水机，您检查一下，看看今天水的质量是不是更适合沏茶，来，我帮您接水。

客　　户：不需要，谢谢。（老大爷着实不好意思了）

第四天，大爷仍旧准时出现了。

客户经理：大爷，我知道您这个时候准来，您看，这是昨天我根据您的情况做的理财规划书，我也是新人，请您帮忙提提意见。我觉得这个设计挺适合您的……明天您再过来，我等您的反馈意见。

客　　户：不用了，谢谢。（老大爷着实不好意思了，脸上露出无奈的笑容）

从第五天起老大爷再也没出现了，也没有收到老大爷的投诉单。

话术解析

示范给出的解决方案包含了三个要点：

第一，客户经理主动破冰，用“语言感谢”和“行动感谢”展示自己的和解意愿；

第二，客户经理主动创造沟通机会（提供产品推荐、提示饮水已更换及饮水机已清洗），并主动提供服务（设计专属服务方案）。

第三，使用了激将法，激发客户主动参与互动。作为自身有过错的客户，多次互动之后，往往会主动收敛自己的不合理行为。

这位老大爷每天都来银行，客户经理和客户之间貌似两条平行线，没有交集。在长期被忽视的状态下，老大爷自动将客户经理放在对立面。面对一个有意见的客户，只有让他感觉到他的意见得到了理解和重视，才能化解客户与服务人员之间的冲突，因此服务人员要学会站在客户的立场来思考问题并关注他的感受。面对客户的过错，不评价对与错，提高沟通频率，让客户感受到我们对他的关注。

示范中，客户经理巧妙地运用感激和主动服务的方式，而非训斥和说理的方式，获得了想要的结果。客户不是“说理”的对象，也不是“教育”和“改造”的对象，即使需要“教育”也要以“为客户提供特殊服务”的方式进行。如果条件允许，可以跟客户聊聊他感兴趣的事，比如跟老大爷聊聊他的子女或者退休情况，让沟通变得更像朋友之间的交流，适当地用一些有人情味的话题来缓和冲突。

8年银行咨询培训经验，专注银行服务领域，主攻客户体验和客户满意度提升策略与实践，主讲课程有“客户服务体验管理和提升路径”“五星服务规范与分岗位服务流程”“客户投诉与抱怨8类22例处理预案”“营业厅消费者权益保护实践指导”等，服务客户包括四大国有行和主要股份制商业银行，2011年以来，坚持“服务管理落地”原则，辅导了11家百佳、25家千佳、34家五星服务示范网点。

陈 苏

于 栗

AIS形象管理师、国家注册礼仪培训师、国家注册形象设计师、中国儿童礼仪认证高级讲师；每年为银行培训150天以上，遍布全国300余家网点；2007-2009年在全国9省市的80多所知名高校进行百余场“职场礼仪”巡回演讲，包括北京大学、清华大学、复旦大学、南开大学、中国人民大学、武汉大学、浙江大学等著名高校，培训人数超过4万人次，深受同学和老师们喜爱。

蔡　玉

著名礼仪专家，资深银行机关效能与教练技术培训师，人力资源管理学硕士，一级心理咨询师，国家企业教练师，预备ICF国际教练；专注银行服务管理培训与礼仪文化研究10年，曾为50多家市级分行进行效能与教练技术培训，400多家网点进行网点转型辅导；曾担任2010年上海世博会、2011年深圳大运会市民礼仪文化宣导专家。蔡玉优雅学堂创始人，众多媒体特约女性专栏作家；出版著作：《职场第一步从礼仪开始》《女性礼仪，优雅=成功》等。

自由撰稿人、职业讲师，师承台湾名嘴张锦贵教授，幽默且犀利的授课风格是她的独特标签。2008年起，更专注于金融业服务营销体系建设及银行网点零售业务软实力提升，曾为建设银行、中国银行、交通银行、上海银行、南京银行、邮储银行等近500家网点打造“标杆标准化”“服务营销一体化”“百千佳示范单位创建”等项目，对银行网点服务销售流程、营销管理体系有丰富的理论与实践经验。

黄纳新

银行业营销力提升研究专家，10余家银行省分行网点转型总顾问，主导网点及零售条线全面转型工作，100余网点转型建设辅导专家；有11年金融领域培训经历，80余家银行总行、分行合作经验，1000余场银行内训课程培训经验；对银行各岗位员工的工作绩效、规范化服务、营销体系建设、网点营业现场管理具有丰富的实践经验和独到的见解。管理类主讲课程："银行零售业务的经营突破与转型策略""支行长的精确化管理""厅堂服务效能提升"等；主要著作：《银行客户经理营销方法与话术》《幸福营销——营销从此变简单》等。

李厚豪